EL CAMINO HACIA LAS VENTAS

De

Juan David Puerta Cardona

ISBN: 9798345639771
Sello: Independently published

La alquimia de la creatividad transforma la imaginación en invención.

Mi Historia

Soy Juan David Puerta y mi trayectoria está guiada por una apasionante conexión entre el mercadeo, los principios cuánticos y alquímicos. Para mí, vender es un proceso que va más allá de las transacciones, es una experiencia vibracional, un arte en el que resonamos con las necesidades y deseos más profundos de las personas. En cada interacción, tenemos la oportunidad de transformar no solo nuestras ofertas, sino también la vida de quienes nos rodean, creando un puente entre el valor tangible y la conexión emocional que perdura.

en el arte de las ventas nos dedicamos a forjar realidades transformadoras. A través de soluciones personalizadas, buscamos no solo impactar la vida de las personas, sino también convertir cada conexión en una oportunidad para crear algo verdaderamente significativo y transformador. Este libro nace de mi necesidad insaciable de crear, del deseo de compartir la información y el conocimiento valioso que he adquirido a lo largo de mi proceso de desarrollo tanto personal como profesional. Esa información no llegó de manera fácil. Fue un proceso de constante aprendizaje, errores, descubrimientos y sobre todo, una inmensa curiosidad por entender cómo funcionan realmente las ventas y el marketing en diferentes contextos desde la ciencia y la creatividad. He tenido la fortuna de trabajar con diversas marcas, empresas y agencias de publicidad, lo que me ha dado una visión única de cómo funcionan las dinámicas comerciales en diferentes sectores.

Trabajar en mercadeo no es solo un trabajo para mí, se ha convertido en una filosofía de vida. Cada empresa, cada proyecto, cada cliente con el que he trabajado, me ha enseñado algo nuevo. He aprendido que no existen soluciones universales, lo que funciona para una empresa puede no ser efectivo para otra. El éxito en ventas radica en la capacidad de adaptarse, de aprender y de reinventarse continuamente. Y eso es exactamente lo que quiero compartir contigo en este libro. Como he creído desde niño y rodeado de una familia de publicistas, soy un alquimista de la creatividad y siempre he tenido presente que *la alquimia de la creatividad transforma la imaginación en invención*. Esta visión guía mi enfoque hacia las ventas, donde la innovación y la creatividad son esenciales para diferenciarse en un mercado competitivo.

El Objetivo del Libro

Es probable que te estés preguntando: ¿Por qué escribir un libro sobre ventas cuando ya existen tantos? La respuesta es sencilla: este no es un libro más. *El Camino Hacia las Ventas* no solo pretende enseñarte técnicas básicas o darte recetas rápidas de cómo vender más. Mi intención es ofrecerte una visión completa y práctica de las ventas, abarcando desde los principios más tradicionales hasta las estrategias de marketing digital que están transformando el panorama actual.

Este libro está diseñado para que, sin importar en qué etapa te encuentres –si eres un vendedor novato que apenas está comenzando o un profesional experimentado– encuentres herramientas valiosas para mejorar tus resultados. Quiero que, al terminar este libro, no solo tengas más conocimientos, sino que entiendas cómo aplicar esos conocimientos de manera efectiva en tu día a día. Porque las ventas no son una carrera de velocidad; son una maratón que requiere estrategia, resistencia y una continua evolución.

Además, quiero que entiendas el valor de las conexiones humanas en el proceso de ventas. No se trata de empujar un producto o servicio. Se trata de construir relaciones basadas en la confianza, el respeto y el entendimiento mutuo. En mi experiencia, los mejores vendedores no son aquellos que hablan más, sino los que escuchan mejor. Los que comprenden profundamente a su cliente y saben cómo ofrecer una solución que realmente marque la diferencia.

¿Por qué Ciencia en las Ventas?

Este libro también tiene un enfoque que considero crucial en la era moderna: la ciencia detrás de las ventas. Durante mucho tiempo, se pensó que vender era simplemente cuestión de carisma, de tener una personalidad persuasiva y saber "convencer" al cliente. Pero la realidad es mucho más compleja. Vivimos en una era en la que los datos, la psicología del comportamiento y la tecnología han revolucionado la forma en que conectamos con los clientes.

Hoy, gracias a la ciencia, podemos analizar patrones de comportamiento, predecir tendencias de consumo y adaptar nuestras estrategias para ser mucho más efectivos. El neuromarketing, por ejemplo, nos ha enseñado cómo funciona el cerebro al tomar decisiones de compra. Nos permite entender qué factores influyen en el cliente al momento de elegir un producto y cómo podemos optimizar nuestras estrategias para influir de manera positiva en esas decisiones.

En este libro, exploraremos cómo estas nuevas ciencias han cambiado las reglas del juego y cómo puedes aprovecharlas para mejorar tus ventas. Hablaremos de cómo utilizar los datos de manera estratégica para identificar oportunidades, de cómo la psicología puede ayudarnos a conectar emocionalmente con los clientes y de cómo las herramientas tecnológicas actuales nos permiten optimizar cada etapa del proceso de ventas.

Mi Trayectoria Profesional: Aprendiendo del Mundo Empresarial

A lo largo de mi carrera, he trabajado para marcas, empresas y agencias de publicidad que me han brindado una perspectiva única. Esta experiencia en áreas administrativas, creativas y comerciales me ha permitido entender completamente el engranaje de las empresas, identificando sus necesidades y contribuyendo al crecimiento de cada proyecto. Cada experiencia ha sido un eslabón que me ha permitido entender mejor el complejo ecosistema de las ventas y el marketing. Desde pequeñas pymes familiares, hasta grandes empresas. He visto cómo cada modelo de negocio tiene sus propios retos y oportunidades. Mi trabajo no solo ha consistido en vender productos, sino en entender las dinámicas internas de las empresas, cómo se organizan, cómo gestionan su comunicación interna y externa y cómo enfrentan los cambios del mercado.

Esa amplitud de experiencias me ha dotado de la capacidad de ver más allá del simple acto de vender. He aprendido a entender cómo el marketing se entrelaza con cada área de una empresa: desde el departamento de finanzas, pasando por el equipo de operaciones, hasta llegar al cliente final. Mi experiencia en artes gráficas y producción audiovisual, guiado por las tendencias y el constante esfuerzo por crearlas, ha enriquecido esta perspectiva. En este libro, quiero transmitirte esa comprensión holística. No solo deseo que veas las ventas como una actividad aislada, sino como una pieza clave en el engranaje completo de una empresa, donde cada elemento se conecta para crear un todo más poderoso y significativo.

El Marketing 360: La Nueva Era del Mercadeo

Hoy en día, vivimos en una era que ofrece oportunidades sin precedentes para aquellos que saben aprovecharlas. Estamos en el inicio de una nueva revolución, una revolución impulsada por la tecnología, la información y la conectividad global. El marketing 360 se ha convertido en una de las estrategias más poderosas para las empresas que buscan tener un impacto real en sus audiencias. Esta estrategia abarca desde las tácticas más tradicionales, como la publicidad en medios impresos, hasta las campañas más avanzadas de marketing digital.

A lo largo del libro, quiero enseñarte cómo crear una estrategia integral de marketing que cubra todas las bases: desde lo visual y creativo, hasta lo analítico y tecnológico. Veremos cómo las redes sociales, el email marketing, el SEO, la publicidad programática y otras herramientas digitales pueden complementar y potenciar tus esfuerzos de ventas. Pero también hablaremos de cómo los métodos tradicionales siguen siendo relevantes y pueden integrarse perfectamente con las nuevas tendencias.

Aprovechando la Revolución Digital: Somos la Generación con Mayor Conocimiento en Publicidad

Nunca antes en la historia de la humanidad hemos tenido acceso a tanta información sobre cómo funcionan las ventas y el marketing. Las herramientas tecnológicas que tenemos a nuestra disposición nos permiten llegar a clientes en cualquier parte del mundo, medir el impacto de nuestras campañas en tiempo real y ajustar nuestras estrategias en función de datos precisos. En nuestro sector somos pioneros en el uso de herramientas de inteligencia artificial, lo que nos otorga una ventaja sin precedentes para automatizar procesos, predecir tendencias y personalizar experiencias a gran escala. Esto nos convierte en la generación con mayor conocimiento en publicidad y estamos en un momento único en el que podemos aprovechar ese conocimiento para transformar nuestras estrategias comerciales de manera más efectiva y eficiente que nunca. Este libro es mi contribución a esa transformación. A lo largo de los siguientes capítulos, quiero guiarte a través de todo lo que he aprendido, para que puedas aplicar estas ideas en tu propia carrera, tu empresa o tu emprendimiento. No importa si estás vendiendo un producto físico, un servicio digital o una idea; las ventas son el corazón de cualquier negocio y entenderlas desde un enfoque científico y creativo te permitirá alcanzar niveles de éxito que quizá no habías imaginado. Este no es un libro teórico. No quiero que solo leas y luego olvides lo que has aprendido. Quiero que tomes acción. Que apliques cada idea, cada estrategia, cada concepto en tu vida profesional.

Quiero que te conviertas en un vendedor o un marketero que no solo sigue las tendencias, sino que las crea. Que utilices la ciencia y la creatividad para innovar, para conectar mejor con tus clientes y para generar un impacto real en tu negocio. Así que te invito a que recorras conmigo *El Camino Hacia las Ventas*. Vamos a explorar juntos las técnicas, las herramientas y las estrategias que te permitirán ser más eficiente, más creativo y más efectivo en el mundo de las ventas. Este viaje no será fácil, pero te aseguro que al final, tendrás las herramientas necesarias para triunfar en cualquier entorno comercial.

Valores Espirituales de la Creación: Un Propósito Más Allá de lo Comercial

Aunque vivimos en una era dominada por la tecnología y los datos, no podemos olvidar los valores espirituales que guían la creación. Cada idea, cada campaña publicitaria y cada producto que lanzamos no solo debe estar orientado hacia el éxito comercial, sino también hacia un propósito mayor: aportar valor, inspirar y conectar de manera genuina con las personas. La creatividad es un acto de construcción y en su esencia está el deseo de contribuir a algo más grande que nosotros mismos. Crear desde esta perspectiva nos permite alinearnos con nuestros valores más profundos, generando un impacto positivo tanto en el mundo material como en el espiritual y recordándonos que, al final del día, nuestras acciones deben resonar con un propósito más elevado.

Dedicatoria

Este libro está dedicado a todas las personas que, a pesar de enfrentar limitaciones y dificultades, mantienen viva la esperanza y la ambición de un futuro mejor. A aquellos que sienten que las oportunidades son escasas y los recursos limitados, quiero recordarles que cada obstáculo es una oportunidad disfrazada.

Es mi deseo que este libro se convierta en una fuente de inspiración y luz para quienes se sienten frustrados o fracasados. Que encuentren en estas páginas las herramientas y la motivación necesarias para desarrollar su potencial y alcanzar sus sueños. Nunca subestimen el poder de la creatividad y la perseverancia; en cada uno de ustedes reside la capacidad de transformar su vida y su entorno.

A través de la alquimia de la creatividad, podemos convertir la imaginación en invención y forjar un camino hacia el éxito, no solo para nosotros mismos, sino también para aquellos que nos rodean.

¡Felicidades por adquirir "El Camino hacia las Ventas"! Te has dado un paso importante hacia la transformación de tus habilidades en ventas y marketing. En un mundo en constante evolución, este libro se convierte en tu aliado para navegar por el complejo panorama comercial y aprovechar al máximo las oportunidades que se presentan.

En este libro, exploraremos cómo las estrategias modernas de ventas y marketing pueden ser el motor de tu éxito profesional. En un entorno donde la competencia es feroz y las expectativas de los consumidores son cada vez más altas, el reto de captar y retener clientes puede parecer abrumador. Pero no te preocupes; aquí encontrarás soluciones prácticas y efectivas para afrontar estos desafíos.

¿Te has sentido alguna vez estancado en tu proceso de ventas, sin saber cómo atraer a más clientes o mantener su interés a lo largo del tiempo? Este libro está diseñado para abordar precisamente esos problemas. Aprenderás sobre las últimas tendencias en marketing, cómo construir relaciones duraderas con tus clientes y cómo utilizar herramientas de inteligencia artificial para optimizar tus estrategias.

A lo largo de estas páginas, descubrirás métodos probados y enfoques innovadores que te enseñarán a no solo atraer clientes, sino también a fidelizarlos. Cada capítulo está repleto de estrategias prácticas, ejemplos de empresas exitosas y consejos que te ayudarán a aplicar estos conceptos en tu propia vida profesional.

Soy un apasionado del marketing y las ventas con más de una década de experiencia en el campo. He sido testigo de cómo las estrategias adecuadas pueden marcar la diferencia en los resultados. Mi viaje en este mundo comenzó con un desafío personal: aprender a vender y a entender las necesidades del cliente. Desde entonces, he dedicado mi carrera a ayudar a otros a alcanzar sus metas comerciales.

Los beneficios de aplicar lo que aprenderás en este libro son invaluables. Te sentirás más seguro y preparado para enfrentar el mundo del marketing y las ventas y tendrás las herramientas necesarias para crear conexiones genuinas con tus clientes. No solo verás un aumento en tus ventas, sino que también cultivarás relaciones de confianza y lealtad con aquellos a quienes sirves.

No esperes demasiado tiempo después de adquirir este libro. Cada día que pasa sin que tomes acción es una oportunidad perdida. Si deseas mejorar tu desempeño en ventas y marketing, cuanto antes empieces a aplicar esta información, mejor será el impacto en tu carrera y en tu vida.

Así que, ¡no te detengas aquí! Adéntrate en las páginas de "El Camino hacia las Ventas" y comienza a transformar tu enfoque comercial hoy mismo. ¡El futuro de tus ventas te está esperando!

¡Empecemos!

INDICE

6

7

Capítulo 1: Fundamentos de la Venta desde la Historia – Una Alquimia Comercial

La Alquimia del Intercambio: El Trueque Como Primer Paso

La historia de la venta en Colombia, al igual que en otras partes del mundo, comienza con el intercambio de productos entre comunidades prehispánicas. El trueque, esa práctica ancestral que consistía en intercambiar bienes por otros de valor equivalente, puede considerarse la forma más pura y esencial de venta. En las primeras sociedades indígenas del país, como los muiscas, el oro y la sal eran dos de los bienes más preciados. Los muiscas, expertos en la extracción de sal en Zipaquirá y Nemocón, usaban esta riqueza mineral para comerciar con otras tribus, estableciendo rutas de intercambio que abarcaban gran parte de lo que hoy es el territorio colombiano. Este intercambio inicial era más que una transacción; se trataba de una alquimia social, donde los bienes no solo adquirían un valor material, sino que generaban lazos de confianza y cohesión entre las comunidades.

Con el paso del tiempo, este sistema de trueque evolucionó hacia formas más complejas de comercio. La llegada de los españoles en el siglo XVI trajo consigo la introducción de monedas y un sistema económico europeo que revolucionó el intercambio comercial en el continente. El comercio no era solo un intercambio de productos, sino también un intercambio de culturas, valores y conocimientos. Era, en esencia, una alquimia de civilizaciones.

Colombia Colonial: El Nacimiento del Comercio Organizado

En el periodo colonial, Cartagena de Indias se convirtió en uno de los centros comerciales más importantes de la Nueva Granada y del Caribe. La ciudad no solo era un punto clave en las rutas del comercio transatlántico, sino que también sirvió como puerta de entrada para productos europeos que se distribuían por todo el continente. Los mercaderes de la época, tanto españoles como criollos, aprendieron a adaptar sus estrategias de venta para satisfacer las demandas de un mercado en constante expansión. El cacao, el tabaco y el oro fueron algunos de los productos más comercializados y su éxito dependía tanto de la calidad de los bienes como de la capacidad de los comerciantes para crear relaciones a largo plazo con sus clientes.

En esta época, la venta dependía en gran medida de la confianza y la reputación, ya que las distancias entre los puntos de comercio y la falta de infraestructura significaban que el tiempo y la paciencia eran tan importantes como el producto en sí. Los comerciantes no solo vendían productos, sino que también creaban redes de distribución y confianza que duraban generaciones. Aquí ya empezamos a ver las primeras bases de lo que hoy llamaríamos "fidelización del cliente". Este periodo marcó el nacimiento de una alquimia comercial en la que los vendedores no solo eran intermediarios, sino maestros en el arte de tejer relaciones humanas.

El Siglo XIX: El Auge de la Empresa Colombiana

Con la independencia y la formación de la República de Colombia en el siglo XIX, el país empezó a establecerse como una nación en crecimiento y las ventas se diversificaron. En este periodo, surgieron las primeras empresas colombianas, muchas de ellas dedicadas al comercio internacional de café. El café colombiano pronto se convirtió en uno de los productos más valorados en los mercados globales y su éxito no fue solo el resultado de su alta calidad, sino también de la capacidad de los empresarios colombianos para entender las dinámicas del comercio internacional.

Un ejemplo icónico es la **Federación Nacional de Cafeteros de Colombia**, fundada en 1927, que desempeñó un papel fundamental en la organización y comercialización del café colombiano. La federación no solo ayudó a los pequeños agricultores a vender su producto en mercados internacionales, sino que también creó la famosa marca **Juan Valdez**, una de las estrategias de marketing más exitosas en la historia del país. Juan Valdez se convirtió en un símbolo de la calidad del café colombiano y al mismo tiempo, en una representación de la conexión entre los productores y los consumidores. Esta es una forma moderna de alquimia: transformar un producto básico en una experiencia rica en significado, donde el café no es solo una bebida, sino una conexión con la tierra y la cultura.

La Revolución Industrial y la Transformación Alquímica del Negocio

Con la llegada del siglo XX y la Revolución Industrial, las ventas en Colombia se transformaron radicalmente. La introducción de nuevas tecnologías, la expansión del transporte y la globalización crearon oportunidades sin precedentes para los empresarios colombianos. Empresas como **Bavaria**, fundada en 1889, se consolidaron como líderes en sus sectores gracias a su capacidad para innovar y adaptarse a las nuevas realidades del mercado. Bavaria no solo vendía cerveza; vendía una experiencia y un estilo de vida asociado con la tradición y la identidad colombiana. Este fue un ejemplo de cómo las empresas aprendieron a usar la publicidad y el marketing para crear una conexión emocional con sus clientes.

Otra empresa clave fue **Postobón**, fundada en 1904. Su famosa bebida gaseosa "Colombiana" no solo conquistó el mercado nacional, sino que también se convirtió en un símbolo de la identidad colombiana. Al igual que con Bavaria, Postobón entendió que la venta de productos no solo implicaba entregar algo físico, sino crear una narrativa que resonara con los consumidores. Aquí es donde la alquimia comercial alcanza su máxima expresión: la transformación de productos simples en iconos culturales y emocionales.

La Modernidad: El Surgimiento del Consumidor Consciente

Con el paso del tiempo, el concepto de venta evolucionó y las empresas comenzaron a enfocarse no solo en la transacción, sino en la experiencia del cliente. En Colombia, esto se evidenció en la década de los 90 con el crecimiento de empresas como **Éxito** y **Carvajal**, que se convirtieron en gigantes del comercio minorista y del papel, respectivamente. Lo interesante de esta época es cómo estas empresas comenzaron a implementar tácticas de ventas que no solo se basaban en el producto, sino en la fidelización del cliente a través de programas de puntos, promociones personalizadas y una experiencia de compra cada vez más centrada en el cliente.

Este es un momento clave en la historia de las ventas, donde la alquimia del negocio se enfocó en transformar no solo los productos, sino también las relaciones con los clientes. El concepto de "valor" dejó de ser algo puramente económico y comenzó a incluir aspectos emocionales y psicológicos. Las empresas aprendieron que un cliente satisfecho no solo compra, sino que se convierte en un embajador de la marca.

El Siglo XXI: El Nuevo Oro es la Información

En el siglo XXI, la venta ha alcanzado su nivel más sofisticado y Colombia no se ha quedado atrás. Con la irrupción del internet y el auge del comercio electrónico, empresas como **Rappi** y **Mercado Libre Colombia** han revolucionado la forma en que los consumidores acceden a productos y servicios. Estas empresas, nacidas en la era digital, han logrado algo que pocos podrían haber imaginado: convertir la tecnología en una extensión de la vida cotidiana. Rappi, por ejemplo, no solo es una plataforma de entrega; es un ecosistema que ofrece desde compras de supermercado hasta servicios financieros. Este nivel de integración es una alquimia moderna, donde la información y la personalización permiten que las empresas anticipen y respondan a las necesidades de los clientes de una manera casi mágica.

Hoy en día, el verdadero oro no es un producto físico, sino la información. Las empresas que dominan los datos y entienden cómo usarlos para predecir el comportamiento del cliente están a la vanguardia de la nueva era de ventas. La inteligencia artificial, el análisis de datos y la personalización son las herramientas más poderosas en esta nueva alquimia de las ventas. **Carvajal Tecnología y Servicios**, por ejemplo, ha incursionado en la transformación digital, ofreciendo soluciones basadas en datos que permiten a las empresas mejorar la eficiencia y la experiencia del cliente.

A lo largo de los siglos, la venta ha sido más que una simple transacción. En Colombia, como en el resto del mundo, ha sido un proceso de transformación continua, una alquimia que convierte bienes y servicios en experiencias y relaciones duraderas. Desde los primeros intercambios de sal y oro hasta las sofisticadas plataformas digitales de hoy, las empresas colombianas han demostrado una y otra vez su capacidad para adaptarse y transformar el mercado.

La lección que nos deja la historia de las ventas es clara: el verdadero éxito no radica solo en ofrecer un buen producto, sino en entender y anticipar las necesidades del cliente. El arte de vender, como la alquimia, es un proceso de transformación constante, donde el conocimiento, la innovación y las relaciones humanas se combinan para crear algo mucho más valioso que la suma de sus partes.

Capítulo 2: Ética en las Ventas

La ética en las ventas es un pilar fundamental que guía las prácticas comerciales y establece la base de la confianza entre las empresas y sus clientes. En un entorno donde las decisiones de compra están influenciadas por la percepción y las emociones, la ética se convierte en un factor crucial que determina no solo la reputación de una empresa, sino también su éxito a largo plazo. Este capítulo explora la importancia de la ética en las ventas, los desafíos que enfrentan los vendedores y cómo una práctica ética puede conducir a relaciones más sólidas y sostenibles con los clientes.

1. La Relevancia de la Ética en las Ventas

La ética en las ventas se refiere a los principios y valores que guían el comportamiento de los vendedores en su interacción con los clientes. Estos principios incluyen la honestidad, la transparencia, la responsabilidad y el respeto. La ética es esencial por varias razones:

1.1. Construcción de Confianza
La confianza es la base de cualquier relación comercial exitosa. Cuando los vendedores actúan de manera ética, crean un ambiente de confianza que permite a los clientes sentirse seguros al realizar una compra. Esto no solo aumenta las posibilidades de una venta, sino que también fomenta la lealtad del cliente a largo plazo.

1.2. Reputación Empresarial
Las empresas que operan de manera ética son más propensas a desarrollar una buena reputación en el mercado. Una reputación positiva atrae a nuevos clientes y los clientes existentes son más propensos a recomendar la empresa a otros. En un mundo donde las opiniones se comparten rápidamente a

través de las redes sociales, mantener una buena reputación es vital.

1.3. Cumplimiento Normativo

Las prácticas de ventas éticas ayudan a las empresas a cumplir con las leyes y regulaciones del sector. Esto es especialmente importante en industrias donde las normativas son estrictas, como la farmacéutica y la financiera. Un enfoque ético minimiza el riesgo de sanciones legales y daños a la reputación.

2. Desafíos Éticos en las Ventas

A pesar de la importancia de la ética en las ventas, los vendedores a menudo enfrentan desafíos que pueden poner a prueba sus principios éticos:

2.1. Presiones por Resultados

Las metas de ventas pueden ser extremadamente altas y en algunos casos, las empresas establecen estándares poco realistas. Esta presión puede llevar a algunos vendedores a comprometer sus valores éticos, ya sea exagerando las características de un producto o haciendo promesas que no pueden cumplir.

2.2. Competencia Desleal

En un mercado competitivo, algunos vendedores pueden optar por prácticas poco éticas, como difamar a la competencia o engañar a los clientes sobre los beneficios de sus productos. Estas tácticas no solo son perjudiciales para la reputación de la empresa, sino que también pueden erosionar la confianza del consumidor en el sector en general.

2.3. Falta de Capacitación

La falta de capacitación adecuada sobre prácticas éticas puede llevar a situaciones en las que los vendedores no están seguros de cómo manejar situaciones desafiantes. Sin una comprensión clara de lo que constituye una práctica ética, es fácil caer en comportamientos cuestionables.

3. Principios Éticos en las Ventas

Para asegurar prácticas de ventas éticas, las empresas deben adoptar principios que guíen el comportamiento de sus vendedores:

3.1. Honestidad y Transparencia

Los vendedores deben ser claros y honestos sobre lo que están ofreciendo. Esto incluye proporcionar información precisa sobre los productos, así como ser transparentes respecto a precios y condiciones.

3.2. Responsabilidad Social

Las empresas deben considerar el impacto de sus productos en la sociedad y el medio ambiente. Vender productos de manera ética implica ser responsable y tener en cuenta cómo afectan a la comunidad y al entorno.

Ejemplo en Colombia: Empresas como **Alpina**, que se dedican a la producción de productos lácteos, han adoptado prácticas éticas que incluyen el uso sostenible de recursos y la promoción de la salud en sus campañas. Esto no solo mejora su reputación, sino que también refuerza la confianza de los consumidores en la marca.

3.3. Respeto por el Cliente
Cada cliente debe ser tratado con respeto y dignidad. Escuchar las necesidades y preocupaciones del cliente es esencial para establecer una relación positiva.

4. Implementación de una Cultura Ética en las Ventas

Para fomentar un entorno de ventas ético, las empresas deben implementar estrategias que promuevan la ética en todos los niveles:

4.1. Capacitación Continua
La capacitación regular en ética de ventas debe ser parte integral del desarrollo profesional de los vendedores. Esto incluye proporcionar escenarios de la vida real y estrategias sobre cómo manejar situaciones éticas desafiantes.

4.2. Códigos de Ética
Las empresas deben establecer un código de ética que detalle las expectativas sobre el comportamiento de los empleados. Este código debe ser accesible y ser un documento vivo que se revise y actualice periódicamente.

4.3. Incentivos por Comportamiento Ético
Las empresas pueden crear programas de incentivos que recompensen a los vendedores no solo por alcanzar metas de ventas, sino también por demostrar comportamientos éticos en sus interacciones con los clientes.

5. El Futuro de la Ética en las Ventas

A medida que el entorno empresarial continúa evolucionando, la ética en las ventas se volverá aún más crucial. Los consumidores son cada vez más conscientes y exigen mayor transparencia y responsabilidad a las empresas.

Aquellas que adopten prácticas éticas no solo sobrevivirán, sino que prosperarán en un mercado competitivo.

Benchmarking es una herramienta fundamental para respetar a la competencia y desarrollar relaciones comerciales éticas y sostenibles. Este proceso nos permite observar, analizar y aprender de las mejores prácticas de otras empresas sin caer en la deslealtad o la simple copia. En lugar de replicar, el benchmarking fomenta la mejora continua, aprovechando las fortalezas de los demás para inspirarnos y ofrecer un valor auténtico en nuestro propio negocio. Más allá de copiar o competir deslealmente, el benchmarking nos ayuda a cultivar una actitud de respeto y crecimiento. Por ejemplo, si notamos que un competidor sobresale en la atención al cliente, no se trata de imitar su estrategia exacta, sino de entender los principios que lo hacen exitoso —como el enfoque en tiempos de respuesta o la capacitación del personal— y adaptar estos aprendizajes a nuestra cultura. El **benchmarking ético** no solo representa una estrategia sólida de crecimiento, sino que también demuestra que sabemos reconocer las fortalezas de los competidores de manera genuina y positiva. Esto nos permite innovar y construir una reputación sólida tanto frente a los clientes como en el sector, promoviendo una competencia constructiva y saludable. Respetar a los competidores es un reflejo de confianza en nuestro propio valor y en nuestra capacidad para diferenciarnos positivamente, elevando los estándares de la industria.

Capítulo 3: Desarrollo Personal: La Clave del Éxito en Ventas y Marketing

El éxito en ventas y marketing no solo se mide por la capacidad de captar y retener clientes, sino también por el crecimiento interno y personal del individuo. El **desarrollo personal** es un pilar fundamental para quienes desean destacar en el mundo empresarial. La capacidad de liderar, innovar y adaptarse a los cambios en un entorno competitivo está íntimamente relacionada con el crecimiento emocional, mental y espiritual de cada persona.

En este capítulo, exploraremos cómo el desarrollo personal es crucial para quienes buscan convertirse en líderes de ventas y marketing. Desde la disciplina mental y la inteligencia emocional hasta la motivación interna y la mejora continua, cada aspecto del crecimiento personal tiene un impacto directo en el rendimiento profesional. Analizaremos cómo las empresas colombianas han fomentado el desarrollo de sus colaboradores para construir equipos exitosos y cómo los individuos pueden aplicar estos principios para transformar sus propias vidas y carreras.

El Crecimiento Interno como Fundamento del Éxito

Antes de hablar de estrategias, herramientas y habilidades técnicas, es fundamental entender que el desarrollo personal es el punto de partida. Las empresas más innovadoras y exitosas a menudo reconocen que sus mejores activos son sus colaboradores. Si una persona está en constante mejora y autodesarrollo, será más resiliente, productiva y creativa, cualidades esenciales para afrontar los desafíos del entorno laboral.

Un ejemplo inspirador en Colombia es el de **Grupo Nutresa**, que ha invertido en el desarrollo personal y profesional de sus empleados. Desde programas de bienestar hasta capacitaciones continuas, Grupo Nutresa entiende que empleados motivados y emocionalmente inteligentes son clave para el crecimiento organizacional. Al fortalecer a su equipo a nivel personal, han logrado construir una cultura de innovación y compromiso que se refleja en su éxito comercial.

La Alquimia del Desarrollo Personal: Transformación de la Mente y el Espíritu

El desarrollo personal puede verse como un proceso alquímico: la transformación interna es lo que convierte el potencial en resultados. Al igual que la alquimia buscaba transformar los metales en oro, el desarrollo personal busca transformar el potencial humano en excelencia.

1. Inteligencia Emocional: El Pilar del Éxito en Ventas

Una de las habilidades más importantes en ventas y marketing es la **inteligencia emocional**, la capacidad de comprender y gestionar tanto nuestras emociones como las de los demás. Daniel Goleman, autor pionero en este tema, destaca que el éxito en los negocios no depende solo del conocimiento técnico, sino de la capacidad de empatizar, liderar con sensibilidad y gestionar el estrés.

Las ventas son un proceso que involucra emociones: tanto las del vendedor como las del cliente. Comprender las necesidades emocionales del cliente, manejar las expectativas y responder de manera adecuada ante las objeciones son aspectos que solo pueden ser dominados por quienes tienen un alto grado de inteligencia emocional.

Empresas colombianas como **Rappi** han integrado estos principios en su cultura. A medida que han crecido, han impulsado a sus equipos a desarrollar habilidades de empatía y resolución de conflictos, lo que les ha permitido ofrecer un servicio al cliente ágil y eficiente, en un entorno donde las emociones juegan un papel crucial.

2. La Mentalidad de Crecimiento: Abrazar el Aprendizaje Constante

El concepto de **mentalidad de crecimiento**, desarrollado por la psicóloga Carol Dweck, sostiene que las personas con esta mentalidad creen que sus habilidades y talentos pueden ser desarrollados a través del esfuerzo, la buena estrategia y el aprendizaje continuo. En el ámbito de las ventas y el marketing, esta mentalidad es vital para adaptarse a los cambios del mercado y aprender de cada interacción, ya sea una venta exitosa o una objeción rechazada.

Adoptar una mentalidad de crecimiento permite a los profesionales mejorar constantemente, aprender nuevas habilidades y lo más importante, no temer al fracaso. Cada fracaso se convierte en una lección, una oportunidad para refinar la estrategia y acercarse más al éxito.

Un buen ejemplo de este enfoque lo encontramos en **Crepes & Waffles**, una empresa que fomenta la mentalidad de crecimiento entre sus colaboradores, ofreciendo programas de capacitación continua y desarrollo personal. Han creado un entorno en el que se valoran las ideas nuevas y la innovación, lo que ha permitido que la empresa se mantenga fresca y relevante en el mercado colombiano a lo largo de los años.

3. *Resiliencia: Superar Obstáculos y Adaptarse al Cambio*

El mundo de los negocios y en particular las ventas, es impredecible. Los altibajos son parte de la naturaleza de este campo. Por eso, la **resiliencia**, la capacidad de recuperarse de las dificultades y adaptarse a situaciones cambiantes, es fundamental para tener éxito a largo plazo.

En Colombia, una empresa que ha demostrado resiliencia es **Avianca**, que ha enfrentado desafíos significativos a lo largo de su historia, desde crisis financieras hasta cambios en la industria aeronáutica. Sin embargo, su capacidad para adaptarse y reinventarse ha sido clave para su longevidad y éxito continuo.

Los profesionales en ventas y marketing deben desarrollar la resiliencia para poder enfrentarse a los rechazos, los cambios de mercado y las fluctuaciones económicas, manteniendo siempre una actitud positiva y enfocada en encontrar nuevas soluciones.

4. *Motivación Intrínseca: El Motor que Impulsa el Éxito Personal*

La **motivación intrínseca** es el impulso interno que nos lleva a hacer algo porque nos apasiona, porque lo encontramos significativo y no solo porque buscamos una recompensa externa. En ventas y marketing, la motivación intrínseca es lo que diferencia a los buenos profesionales de los grandes.

Cuando las personas están impulsadas por una motivación interna, son capaces de persistir en sus objetivos, incluso cuando las circunstancias se vuelven difíciles. Se involucran profundamente en su trabajo, lo ven como una forma de crecimiento personal y no solo como una tarea a cumplir.

Un ejemplo interesante de motivación intrínseca en acción es el de **Juan Valdez**, la cadena de café que representa a los caficultores colombianos. Detrás de su éxito está una motivación profunda por promover el producto insignia de Colombia, impulsada no solo por el beneficio económico, sino por un sentido de orgullo nacional y un deseo de mejorar las condiciones de vida de los caficultores.

El Impacto del Desarrollo Personal en el Rendimiento Profesional

El desarrollo personal no solo es valioso para el individuo, sino que también tiene un impacto directo en el rendimiento organizacional. Las empresas que invierten en el crecimiento personal de sus empleados ven mejoras en la productividad, la innovación y la retención del talento.

1. Mejora en la Toma de Decisiones

El desarrollo personal fomenta una mejor toma de decisiones, ya que implica el aprendizaje continuo y la autoevaluación. Las personas que se desarrollan personalmente son más capaces de evaluar situaciones desde múltiples perspectivas, lo que les permite tomar decisiones informadas y estratégicas. Esto es especialmente importante en ventas, donde una buena decisión puede marcar la diferencia entre ganar o perder un cliente.

2. Incremento en la Productividad y el Rendimiento

Los individuos que están comprometidos con su desarrollo personal tienden a ser más productivos. Están motivados para alcanzar metas, mejorar su rendimiento y aprender nuevas habilidades que les permitan ser más eficientes. Esta mentalidad orientada al crecimiento también genera una mayor disposición para aceptar desafíos y asumir responsabilidades.

3. Fortalecimiento del Liderazgo

Los grandes líderes son aquellos que han trabajado en su desarrollo personal. A través de la introspección y la mejora continua, los líderes desarrollan una mayor autoconciencia, empatía y capacidad para inspirar a los demás. En el mundo de las ventas y el marketing, el liderazgo no solo implica dirigir equipos, sino también guiar a los clientes hacia las mejores soluciones para sus necesidades.

Cómo Desarrollar el Crecimiento Personal en la Práctica

El desarrollo personal no ocurre de la noche a la mañana. Es un proceso continuo que requiere tiempo, esfuerzo y dedicación. Algunas prácticas que pueden ayudarte a crecer personal y profesionalmente incluyen:

- **Establecer metas claras**: Definir qué áreas deseas mejorar y establecer metas concretas para lograrlas.
- **Leer y aprender constantemente**: La lectura de libros, artículos y estudios sobre ventas, marketing y desarrollo personal es clave para expandir tus conocimientos.
- **Buscar mentores**: Aprender de aquellos que ya han alcanzado el éxito puede acelerar tu propio crecimiento.
- **Practicar la autorreflexión**: Tomar tiempo para evaluar tus experiencias y aprender de ellas.

Desarrollar una rutina de bienestar: Mantener una mente y un cuerpo saludables es fundamental para mantener la energía y la motivación. El **desarrollo de habilidades** es un aspecto crucial del crecimiento personal y profesional, ya que implica identificar, mejorar y diversificar las competencias necesarias para alcanzar nuestras metas. Este proceso no solo se centra en

34

habilidades técnicas, como el dominio de herramientas específicas, sino también en habilidades blandas, como la comunicación, el trabajo en equipo y la gestión del tiempo. A medida que nos esforzamos por mejorar nuestras habilidades, podemos utilizar diversas estrategias, como la formación continua, la búsqueda de mentoría, la práctica deliberada y la autoevaluación. Desarrollar habilidades nos permite adaptarnos mejor a los cambios del entorno laboral, aumentar nuestra confianza y eficacia en diferentes situaciones y abrir nuevas oportunidades para el crecimiento y el éxito, tanto en nuestra vida personal como profesional.

Capítulo 4: Adaptabilidad

La adaptabilidad se ha convertido en una habilidad fundamental en el mundo empresarial actual, caracterizado por cambios rápidos y constantes. La capacidad de una empresa para ajustarse a nuevas circunstancias, tendencias del mercado, comportamientos de los consumidores y avances tecnológicos puede ser la diferencia entre el éxito y el fracaso. Este capítulo explorará la importancia de la adaptabilidad en el ámbito de las ventas y el marketing, así como las estrategias que las empresas pueden implementar para fomentar esta habilidad en su cultura organizacional.

1. Entendiendo la Adaptabilidad

La adaptabilidad se refiere a la capacidad de un individuo o una organización para adaptarse a nuevas condiciones. En el contexto empresarial, implica:

- **Flexibilidad**: La disposición para cambiar estrategias y enfoques en respuesta a nuevas oportunidades o desafíos.
- **Resiliencia**: La habilidad para recuperarse de fracasos o dificultades, aprendiendo de las experiencias pasadas.
- **Innovación**: La capacidad de buscar y adoptar nuevas ideas, productos y tecnologías que pueden mejorar la oferta de la empresa.

2. La Importancia de la Adaptabilidad en los Negocios

La adaptabilidad es crucial por varias razones:

1. Respuesta a Cambios del Mercado

El mercado está en constante evolución, impulsado por factores como la tecnología, las preferencias de los consumidores y la competencia. Las empresas que pueden adaptarse rápidamente a estos cambios son más propensas a sobrevivir y prosperar. Por ejemplo, durante la pandemia de COVID-19, muchas empresas colombianas, como **Jumbo**, tuvieron que adaptar sus operaciones a un modelo de venta en línea para satisfacer la creciente demanda de comercio electrónico.

2. Satisfacción del Cliente

La adaptabilidad permite a las empresas responder a las necesidades cambiantes de sus clientes. Escuchar las opiniones de los consumidores y ajustar productos o servicios en consecuencia es esencial para mantener su lealtad. **Rappi** ha logrado un gran éxito al adaptar su plataforma de entrega para incluir no solo alimentos, sino también productos de farmacia y otros bienes, en respuesta a las demandas de los consumidores.

3. Innovación Continua

Las empresas que fomentan una cultura de adaptabilidad tienden a ser más innovadoras. Al estar abiertas a nuevas ideas y enfoques, pueden descubrir oportunidades de mejora y crecimiento. **Tostao**, por ejemplo, ha innovado al integrar la sostenibilidad en su modelo de negocio, desde el cultivo del café hasta la entrega al consumidor.

3. Estrategias para Fomentar la Adaptabilidad

Para que una empresa desarrolle la adaptabilidad, es fundamental implementar estrategias específicas:

1. Fomentar una Cultura de Aprendizaje
Las empresas deben crear un entorno donde el aprendizaje continuo sea valorado. Esto incluye capacitar a los empleados, alentarlos a adquirir nuevas habilidades y promover una mentalidad de crecimiento. **Grupo Éxito**, a través de sus programas de formación y desarrollo, ha cultivado una fuerza laboral que puede adaptarse a los cambios en el mercado.

2. Escuchar al Cliente
Implementar mecanismos para recopilar y analizar comentarios de los clientes es fundamental. Las empresas deben estar atentas a las tendencias y preferencias del consumidor, utilizando datos para ajustar su oferta. **Alpina** ha utilizado estudios de mercado para adaptar su línea de productos a las preferencias de los consumidores en términos de salud y nutrición.

3. Invertir en Tecnología
Las herramientas tecnológicas son cruciales para facilitar la adaptabilidad. La implementación de software y plataformas digitales que permitan un análisis de datos en tiempo real puede ayudar a las empresas a tomar decisiones informadas rápidamente. **Bancolombia**, por ejemplo, ha invertido en tecnología financiera para ofrecer soluciones innovadoras que se adaptan a las necesidades cambiantes de sus clientes.

4. Promover la Colaboración Interdepartamental
Fomentar la comunicación y colaboración entre diferentes departamentos puede mejorar la adaptabilidad.

Las empresas que trabajan en silos pueden perder oportunidades de adaptación. **Postobón** ha implementado equipos multifuncionales que trabajan juntos para identificar y responder a las tendencias del mercado.

39

4. Casos de Éxito en Adaptabilidad en Colombia

1. Avianca

Avianca ha demostrado una notable capacidad de adaptación a lo largo de los años, especialmente en respuesta a los desafíos de la industria aérea. La compañía ha implementado nuevas tecnologías, como el check-in en línea y aplicaciones móviles, para mejorar la experiencia del cliente y adaptarse a las nuevas expectativas de los viajeros.

2. Grupo Nutresa

Grupo Nutresa ha sabido adaptarse a las tendencias de consumo, como la creciente demanda de productos saludables. La empresa ha expandido su línea de productos para incluir opciones más saludables, manteniendo su relevancia en un mercado en constante cambio.

3. Tecnoquímicas

Esta empresa farmacéutica ha mostrado adaptabilidad al innovar en su oferta de productos y al responder a las necesidades de salud emergentes. Durante la pandemia, lanzó rápidamente productos relacionados con la salud pública y reforzó su compromiso con la responsabilidad social.

5. La Alquimia de la Adaptabilidad

La adaptabilidad en el mundo empresarial es como la alquimia: requiere una mezcla única de elementos para transformar un desafío en una oportunidad. Las organizaciones que desarrollan esta habilidad se convierten en entidades resilientes, capaces de navegar por las aguas turbulentas del mercado.

En el contexto de la **adaptabilidad**, la **diversificación de habilidades** juega un papel crucial, ya que permite a los individuos y a las organizaciones ajustarse efectivamente a los cambios rápidos y constantes del entorno empresarial. Al adquirir una variedad de competencias, se fomenta una mayor flexibilidad y se potencia la capacidad de innovación, lo que es esencial para enfrentar las nuevas tendencias del mercado y las demandas de los consumidores. Por ejemplo, un empleado que combina habilidades técnicas con capacidades de comunicación puede colaborar más eficazmente en equipos multifuncionales, lo que facilita la implementación de soluciones creativas y rápidas ante desafíos emergentes. Las empresas que invierten en la diversificación de habilidades de su personal no solo aumentan la empleabilidad y la resiliencia de su fuerza laboral, sino que también están mejor preparadas para adaptarse a la incertidumbre del mercado. Implementar estrategias como el aprendizaje continuo, la colaboración interdisciplinaria y la experimentación puede enriquecer el perfil de habilidades de los colaboradores, promoviendo una cultura organizacional donde la adaptabilidad y la innovación se conviertan en el eje central de su éxito.

Capítulo 5: Creatividad: La Alquimia de la Creatividad

La creatividad es un motor fundamental en el mundo empresarial. No solo impulsa la innovación, sino que también ofrece soluciones únicas a problemas complejos y permite a las empresas diferenciarse en un mercado saturado. Este capítulo explorará la naturaleza de la creatividad, su importancia en los negocios y cómo las empresas pueden cultivarla para lograr resultados excepcionales. Al final, la creatividad se presenta como una forma de alquimia, donde la combinación de ideas y perspectivas puede generar oro en forma de valor agregado.

1. Entendiendo la Creatividad

La creatividad no es simplemente la capacidad de generar ideas nuevas, es un proceso que involucra:

- **Imaginación**: La habilidad de visualizar posibilidades más allá de lo obvio.
- **Originalidad**: La capacidad de crear algo que no se ha hecho antes.
- **Adaptabilidad**: La flexibilidad para ajustar ideas en función de nuevas informaciones o contextos.

La creatividad es una habilidad que puede desarrollarse y potenciarse y no es exclusiva de artistas o diseñadores. Todos los profesionales, desde vendedores hasta gerentes, pueden beneficiarse de un enfoque creativo en su trabajo.

2. La Importancia de la Creatividad en los Negocios

1. Innovación de Productos y Servicios

La creatividad es la chispa detrás de la innovación. Empresas como **Bavaria**, que ha transformado la industria cervecera en Colombia, han utilizado la creatividad para lanzar productos innovadores que resuenan con los consumidores. Desde la creación de cervezas artesanales hasta la diversificación en categorías no alcohólicas, la innovación impulsada por la creatividad es esencial para mantener la competitividad.

2. Solución de Problemas

Las empresas enfrentan desafíos constantes y la creatividad proporciona nuevas formas de abordar estos problemas. Un ejemplo notable es el de **EPM** (Empresas Públicas de Medellín), que ha utilizado el pensamiento creativo para desarrollar soluciones sostenibles en la gestión del agua y la energía, enfrentando retos ambientales y sociales.

3. Diferenciación en el Mercado

En un entorno donde los consumidores están saturados de opciones, la creatividad es clave para destacarse. Las campañas publicitarias creativas pueden captar la atención y dejar una impresión duradera. **El Tiempo**, uno de los principales periódicos de Colombia, ha utilizado enfoques creativos en sus campañas de marketing para llegar a un público más amplio y diverso.

3. La Alquimia de la Creatividad en las Empresas

La alquimia de la creatividad se refiere al proceso de combinar diferentes elementos para producir algo valioso. Esto implica:

1. Creación de un Entorno Creativo

Para fomentar la creatividad, las empresas deben crear un entorno que la apoye. Esto puede incluir:

- **Espacios Abiertos**: Diseñar oficinas que fomenten la colaboración y el intercambio de ideas.
- **Flexibilidad Horaria**: Permitir a los empleados trabajar en horarios que fomenten su creatividad personal.
- **Diversidad de Equipos**: Reunir a personas de diferentes orígenes y habilidades para enriquecer el proceso creativo.

Unitec USA, una empresa de tecnología, ha implementado estos principios, creando espacios que promueven la creatividad y la colaboración en su equipo.

2. Fomentar la Curiosidad y la Exploración

La curiosidad es un componente fundamental de la creatividad. Las empresas deben alentar a sus empleados a explorar nuevas ideas y experimentar. **Unifer USA**, por ejemplo, ha implementado programas de innovación que invitan a sus empleados a proponer soluciones creativas para mejorar la experiencia del cliente.

3. Aprender de los Fracasos

La creatividad a menudo implica asumir riesgos y no todas las ideas tendrán éxito. Sin embargo, los fracasos pueden ser valiosas lecciones. Las empresas que adoptan una mentalidad de aprendizaje y ven el fracaso como una oportunidad para crecer pueden cultivar una cultura creativa robusta. **Carulla**, al introducir productos locales y frescos en sus estanterías, aprendió a adaptarse a las preferencias de sus clientes y ajustar su oferta en consecuencia.

4. Herramientas y Técnicas para Estimular la Creatividad

Las empresas pueden utilizar diversas herramientas y técnicas para estimular la creatividad:

1. Brainstorming
Esta técnica clásica permite que los equipos generen una amplia gama de ideas en un corto período. Fomentar un ambiente sin juicios durante las sesiones de brainstorming puede abrir la puerta a ideas más innovadoras.

2. Design Thinking
El design thinking es un enfoque centrado en el usuario que busca resolver problemas a través de la empatía y la experimentación. **Grupo Aval** ha aplicado esta metodología para desarrollar soluciones financieras que responden mejor a las necesidades de sus clientes.

3. Técnicas de Visualización
Usar técnicas de visualización, como mapas mentales y diagramas, puede ayudar a los equipos a organizar sus pensamientos y explorar conexiones entre ideas.

5. Casos de Éxito en Creatividad en Colombia

1. Aguas de Manizales
Esta empresa ha sido pionera en la implementación de tecnologías creativas para la gestión del agua. Su enfoque innovador para resolver problemas de escasez y gestión eficiente de recursos ha sido un modelo para otras empresas en el sector.

2. Totto
La marca de moda colombiana ha utilizado la creatividad no solo en sus diseños, sino también en su

estrategia de marketing. Sus campañas han combinado elementos culturales colombianos con tendencias internacionales, creando una conexión emocional con sus consumidores.

3. *Homecenter*

Con una amplia gama de productos para el hogar, Homecenter ha implementado estrategias creativas en la forma en que presentan sus productos y en sus campañas publicitarias, fomentando un sentido de comunidad y estilo de vida.

6. La Creatividad como Estrategia de Sostenibilidad

La creatividad también juega un papel crucial en la sostenibilidad. Las empresas que pueden pensar de manera innovadora en la forma de operar de manera sostenible tienen la oportunidad de no solo atraer a consumidores conscientes, sino también contribuir positivamente al medio ambiente. **Bancolombia** ha adoptado prácticas sostenibles en sus operaciones, utilizando la creatividad para diseñar productos financieros que promueven el desarrollo sostenible.

Fomentar la **creatividad** en equipos creativos y de ventas es esencial para impulsar la innovación y diferenciarse en un mercado competitivo. Para lograrlo, es fundamental crear un entorno que inspire y permita a los miembros del equipo expresarse libremente. Esto incluye diseñar espacios abiertos y áreas específicas para la lluvia de ideas, donde se fomente un enfoque sin juicios. Dinámicas como concursos mensuales, en los que los diseñadores compiten por el mejor diseño o los equipos de ventas luchan por la estrategia más efectiva, son clave para romper la rutina y fortalecer las relaciones interpersonales, generando un clima de colaboración que nutre la creatividad.

Además, la diversidad en los equipos es vital para enriquecer el proceso creativo. Contar con personas de diferentes antecedentes y habilidades amplía las perspectivas y aumenta las posibilidades de generar soluciones innovadoras. Fomentar la curiosidad y permitir que los miembros dediquen tiempo a proyectos personales, junto con una cultura de feedback constructivo, ayuda a desarrollar un enfoque creativo robusto. La implementación de herramientas digitales y la incorporación de inspiración externa, como oradores y eventos creativos, son estrategias efectivas para abrir nuevas perspectivas. Con estas dinámicas y un entorno de apoyo, los equipos creativos y de ventas pueden cultivar un espacio donde la creatividad florezca y se convierta en un motor de innovación.

Capítulo 6: La Ciencia de la Productividad

La productividad es un concepto fundamental en el mundo empresarial actual, donde la competencia es feroz y la demanda de eficiencia nunca ha sido tan alta. Este capítulo explora la ciencia de la productividad, su importancia en las ventas y el marketing y cómo las empresas pueden aplicarla para alcanzar sus objetivos estratégicos.

1. Definición de Productividad

La productividad se refiere a la eficiencia con la que se utilizan los recursos, ya sean humanos, financieros o materiales, para generar bienes y servicios. En el contexto empresarial, una alta productividad significa que una empresa puede producir más con menos, lo que se traduce en mayores ganancias y una mejor competitividad en el mercado.

2. Importancia de la Productividad en Ventas y Marketing

La productividad no solo afecta la producción, sino que también impacta directamente en el área de ventas y marketing. Algunas razones por las que la productividad es crucial incluyen:

- **Mejora de la Rentabilidad**: Un aumento en la productividad permite a las empresas generar más ingresos sin incrementar significativamente sus costos. Esto es vital para la sostenibilidad a largo plazo.
- **Aumento de la Satisfacción del Cliente**: Empresas más productivas pueden responder rápidamente a las demandas del cliente, ofreciendo un mejor servicio y una experiencia de compra más satisfactoria.

51

- **Ventaja Competitiva**: En un mercado saturado, ser más productivo que la competencia puede ser la clave para destacarse. Esto es especialmente relevante para empresas colombianas que buscan posicionarse en un mercado global.

3. Factores que Afectan la Productividad

Para mejorar la productividad, es esencial identificar los factores que la afectan. Algunos de los más relevantes son:

- **Tecnología**: La adopción de tecnologías avanzadas, como la inteligencia artificial y el análisis de datos, permite a las empresas optimizar sus procesos y tomar decisiones más informadas. **Rappi**, una empresa colombiana de entrega a domicilio, utiliza tecnología para mejorar su eficiencia operativa, lo que les permite ofrecer un servicio rápido y confiable.
- **Capacitación del Personal**: Invertir en la formación y el desarrollo de habilidades de los empleados es fundamental para mejorar la productividad. Las empresas que capacitan a su personal en técnicas de ventas, atención al cliente y manejo de tecnología suelen experimentar un aumento en su rendimiento general.
- **Cultura Organizacional**: Fomentar un ambiente de trabajo positivo y motivador puede aumentar la productividad. Las empresas colombianas que valoran el bienestar de sus empleados, como **Bancolombia**, tienden a tener equipos más comprometidos y productivos.

4. Estrategias para Mejorar la Productividad

1. Establecimiento de Metas Claras

Tener objetivos bien definidos es esencial para guiar el trabajo diario y medir el progreso. Las empresas deben establecer metas específicas, medibles, alcanzables, relevantes y temporales (SMART) para orientar sus esfuerzos y maximizar su productividad.

2. Automatización de Procesos

La automatización permite a las empresas optimizar tareas repetitivas, liberando tiempo para que los empleados se concentren en actividades más estratégicas. Herramientas como **CRM** (Customer Relationship Management) ayudan a gestionar la relación con los clientes de manera más eficiente, permitiendo a los vendedores centrarse en cerrar ventas.

3. Uso de Herramientas de Gestión del Tiempo

Las herramientas de gestión del tiempo, como los calendarios digitales y aplicaciones de productividad, pueden ayudar a los empleados a organizar sus tareas y priorizar actividades. Empresas como **Grupo Éxito**, un gigante colombiano en el sector retail, utilizan herramientas de planificación y seguimiento de tareas para mejorar la gestión del tiempo y aumentar la productividad de sus equipos.

4. Fomento del Trabajo en Equipo

La colaboración entre equipos puede resultar en un aumento significativo de la productividad. Fomentar un ambiente donde se valoren las ideas y el trabajo en conjunto permite a las empresas innovar y resolver problemas de manera más efectiva.

5. Medición de la Productividad

Para mejorar la productividad, las empresas deben medirla de manera regular. Algunos indicadores clave incluyen:

- **Tasa de Conversión**: Medir cuántos leads se convierten en clientes puede ayudar a evaluar la efectividad del equipo de ventas.
- **Ciclo de Ventas**: El tiempo promedio que toma cerrar una venta puede proporcionar información sobre la eficiencia del proceso de ventas.
- **Satisfacción del Cliente**: Evaluar la satisfacción del cliente mediante encuestas o feedback puede ofrecer indicios sobre el rendimiento de la empresa y áreas de mejora.

6. La Productividad en el Contexto Colombiano

En Colombia, la productividad enfrenta desafíos únicos, como la informalidad laboral y la falta de infraestructura adecuada. Sin embargo, empresas innovadoras están liderando el camino hacia la mejora de la productividad. **Grupo Aval**, por ejemplo, ha implementado estrategias tecnológicas y de capacitación para optimizar sus operaciones y ofrecer un mejor servicio a sus clientes.

Capítulo 7: El Arte de Ser Diferente

En un mundo saturado de opciones y donde la competencia es feroz, el arte de ser diferente se convierte en un pilar fundamental para el éxito empresarial. La capacidad de destacar y ofrecer algo único no solo atrae la atención del consumidor, sino que también construye una lealtad de marca duradera. Este capítulo explora las estrategias para diferenciarse en el mercado, la importancia de la autenticidad y cómo las empresas colombianas han logrado sobresalir a través de la originalidad.

1. La Necesidad de la Diferenciación

La diferenciación no es solo una estrategia de marketing; es un enfoque integral que afecta cada aspecto de una empresa, desde el desarrollo de productos hasta la atención al cliente. En un entorno donde los consumidores son bombardeados con mensajes y ofertas, la diferenciación es lo que permite a las marcas destacarse y resonar con su público objetivo.

1.1. Entender el Mercado y el Consumidor

Para ser verdaderamente diferente, las empresas deben comprender a fondo a su mercado y a sus consumidores. Esto implica:

- **Investigación de Mercado**: Realizar estudios para identificar las necesidades y preferencias de los clientes.
- **Análisis de la Competencia**: Observar lo que hacen los competidores y encontrar áreas donde se puede ofrecer algo mejor o diferente.

2. Estrategias para Ser Diferente

2.1. Innovación en Productos y Servicios

Una de las formas más efectivas de diferenciarse es a través de la innovación. Esto puede incluir:

- **Desarrollo de Productos Únicos**: Crear productos que no existan en el mercado o que mejoren significativamente las opciones actuales. **Bavaria**, por ejemplo, ha innovado en la producción de cervezas artesanales que apelan a nichos específicos de consumidores.
- **Personalización**: Ofrecer productos y servicios que se pueden personalizar según las preferencias del cliente. **Arturo Calle**, la marca colombiana de moda, permite a sus clientes personalizar algunas de sus prendas, creando un vínculo emocional y aumentando la satisfacción del cliente.

2.2. Experiencias de Marca Únicas

La experiencia del cliente es una parte crucial de la diferenciación. Las empresas que ofrecen experiencias memorables tienden a ser más recordadas y recomendadas.

- **Eventos Exclusivos**: Organizar eventos que permitan a los clientes interactuar con la marca de manera única. **Alpina** ha realizado lanzamientos de productos en eventos familiares, lo que ha permitido a los consumidores experimentar la marca de manera tangible.
- **Atención al Cliente Excepcional**: Capacitar al personal para brindar un servicio al cliente sobresaliente. Empresas como **Éxito** se destacan por su servicio al cliente personalizado y su atención a los detalles.

3. La Importancia de la Autenticidad

La autenticidad es fundamental en la diferenciación. Los consumidores de hoy valoran la transparencia y la sinceridad en las marcas. Las empresas deben ser fieles a sus valores y misión.

- **Contar una Historia**: Las marcas que cuentan una historia auténtica sobre su origen y su propósito resuenan más con los consumidores. **Juan Valdez**, por ejemplo, ha construido su marca alrededor de la historia del café colombiano y los agricultores que lo producen, creando una conexión emocional con sus clientes.
- **Valores y Responsabilidad Social**: Las empresas que demuestran un compromiso genuino con la sostenibilidad y la responsabilidad social suelen diferenciarse. **Grupo Nutresa** ha implementado prácticas sostenibles en su cadena de producción y ha promovido programas sociales, lo que fortalece su imagen de marca.

4. La Creatividad como Motor de Diferenciación

La creatividad es el alma de la diferenciación. Las empresas deben estar dispuestas a pensar fuera de la caja y experimentar con nuevas ideas.

- **Campañas Publicitarias Inovadoras**: Utilizar enfoques creativos en la publicidad puede captar la atención y destacar a la marca. **Postobón** ha utilizado campañas memorables que no solo promocionan sus productos, sino que también abordan temas sociales, conectando emocionalmente con su audiencia.
- **Colaboraciones Estratégicas**: Formar alianzas con otras marcas o artistas puede generar una propuesta

única. **Crepes & Waffles** ha colaborado con diferentes artistas para decorar sus locales y crear un ambiente único que atrae a los clientes.

5. Casos de Éxito en Colombia

5.1. Rappi

Rappi ha revolucionado el concepto de entrega a domicilio en Colombia al ofrecer no solo comida, sino también una amplia gama de productos y servicios. Su enfoque en la experiencia del cliente y la personalización de servicios la ha diferenciado en el competitivo mercado de entregas.

5.2. Cerveza 3 Cordilleras

Esta microcervecería ha logrado destacar en un mercado de cervezas artesanales al enfocarse en la calidad de sus ingredientes y la producción local. Su imagen de marca auténtica y su compromiso con la tradición han resonado bien entre los consumidores que buscan algo diferente.

5.3. Mambo

Mambo, la empresa de moda colombiana, se ha diferenciado en el sector de la moda al promover la sostenibilidad en sus procesos de producción y al ofrecer productos que combinan estilo y compromiso social.

6. La Diferenciación en la Era Digital

Con el auge del comercio electrónico y las redes sociales, la diferenciación también se ha trasladado al ámbito digital. Las empresas deben utilizar herramientas digitales para construir una presencia de marca única.

- **Marketing en Redes Sociales**: Crear contenido que se destaque en plataformas como Instagram o TikTok. Las marcas que utilizan imágenes llamativas y mensajes auténticos tienden a atraer a más seguidores.

Estrategias de SEO: Optimizar el contenido digital para destacar en los motores de búsqueda es fundamental. La diferenciación no solo se trata de ser diferente, sino también de ser visible.

Capítulo 8: Ventas Basadas en Relaciones: Construir Conexiones Duraderas

El éxito en las ventas ha evolucionado de ser un simple intercambio de productos y servicios hacia un enfoque mucho más centrado en las relaciones humanas. En un mercado cada vez más competitivo, la capacidad de una empresa o un vendedor para **establecer relaciones genuinas y duraderas** con sus clientes se ha convertido en un factor diferenciador clave. Este capítulo abordará cómo las **ventas basadas en relaciones** son una estrategia poderosa y sostenible, enfocada en construir confianza, lealtad y valor a largo plazo.

De Transacciones a Relaciones: El Cambio en el Paradigma de las Ventas

Tradicionalmente, las ventas se centraban en **transacciones rápidas**, en las que el objetivo principal era cerrar el trato. Sin embargo, en el entorno actual, este enfoque se ha demostrado insostenible, especialmente cuando los clientes tienen acceso a más opciones y mayor información. Hoy, el cliente busca algo más que un producto: busca una **experiencia** y las relaciones de confianza con una marca o vendedor se han vuelto esenciales.

Un ejemplo en el contexto colombiano es el caso de **Éxito**, una de las mayores cadenas de supermercados del país. Éxito ha basado su éxito no solo en la oferta de productos, sino en la construcción de relaciones cercanas con sus clientes. A través de su programa de fidelización, han demostrado que entender y conectar con sus clientes, brindando un valor más allá de la simple compra, crea una lealtad duradera.

Los Fundamentos de las Ventas Basadas en Relaciones

1. Confianza: La Base de Toda Relación

La **confianza** es el cimiento de cualquier relación duradera y esto aplica también en el ámbito de las ventas. Un cliente que confía en un vendedor o en una empresa no solo es más propenso a comprar una vez, sino que es probable que regrese para futuras compras. Construir confianza no ocurre de la noche a la mañana, requiere **consistencia, integridad y transparencia**.

Una empresa colombiana que ejemplifica este enfoque es **Bancolombia**, que ha trabajado arduamente en ganar la confianza de sus clientes a través de servicios financieros accesibles, atención personalizada y programas de educación financiera. Bancolombia no solo busca vender productos bancarios, sino que también se enfoca en la **educación y el bienestar financiero** de sus clientes, lo que ha fortalecido la confianza de sus usuarios en la entidad.

2. Empatía: Comprender al Cliente

La **empatía** es fundamental en las ventas basadas en relaciones. Implica la capacidad de ponerse en el lugar del cliente, comprender sus necesidades, preocupaciones y deseos. Más allá de simplemente ofrecer productos o servicios, los vendedores que practican la empatía logran establecer conexiones más profundas y significativas con sus clientes.

En Colombia, **Arturo Calle**, la icónica marca de ropa masculina, ha demostrado empatía en su enfoque hacia el cliente. No solo venden moda; entienden las necesidades y aspiraciones de sus clientes. Al personalizar la experiencia de compra y asegurarse de que cada cliente se sienta valorado,

Arturo Calle ha cultivado una base de clientes fieles y satisfechos.

3. *Valor a Largo Plazo: Más que una Venta, una Relación Duradera*

Las ventas basadas en relaciones no buscan únicamente cerrar una venta inmediata, sino crear un valor continuo y duradero para el cliente. Esto implica **acompañar al cliente a lo largo de su viaje**, estar disponible para responder preguntas, solucionar problemas y ofrecer soluciones a largo plazo.

Alpina, una de las empresas alimenticias más grandes de Colombia, ha adoptado este enfoque. Más allá de vender productos lácteos, Alpina se ha comprometido a crear valor duradero a través de programas de bienestar y educación nutricional para sus consumidores. Esta estrategia ha fomentado relaciones profundas con los clientes, quienes ven a Alpina no solo como un proveedor de productos, sino como un aliado en su bienestar.

El Arte de Cultivar Relaciones Sólidas

Desarrollar relaciones duraderas con los clientes requiere tiempo y esfuerzo. A continuación, se destacan algunos principios clave para lograrlo:

1. *Comunicación Abierta y Transparente*

La **comunicación constante** y transparente es esencial para mantener una relación saludable con los clientes. Ya no basta con solo vender un producto y esperar que el cliente vuelva por su cuenta. Las empresas y los vendedores deben estar en constante contacto con sus clientes, manteniéndolos informados sobre novedades, promociones y lo más importante, disponibles para resolver dudas o inquietudes.

Un buen ejemplo es el de **Totto**, una marca colombiana que ha sabido crear una comunidad alrededor de sus productos. A través de las redes sociales y su servicio de atención al cliente, Totto mantiene un diálogo abierto con sus consumidores, respondiendo inquietudes, compartiendo contenido valioso y generando una relación cercana que va más allá de una simple transacción.

2. Cumplir y Superar las Expectativas

Cumplir con las expectativas del cliente es fundamental para construir confianza, pero **superarlas** es lo que verdaderamente crea una relación sólida y memorable. Las empresas que buscan constantemente sorprender a sus clientes con un servicio excepcional o productos de alta calidad son las que logran fidelidad a largo plazo.

Aviatur, una de las agencias de viajes más grandes de Colombia, ha sido un modelo de esta estrategia. Han implementado un enfoque orientado a exceder las expectativas de los clientes en cada interacción, ya sea en la reserva de viajes, asistencia o servicios adicionales, lo que ha convertido a la agencia en un líder confiable en la industria.

3. Escuchar y Adaptar la Oferta a las Necesidades del Cliente

Escuchar activamente a los clientes es una herramienta poderosa en la construcción de relaciones. Cada cliente es único y comprender sus necesidades particulares permite personalizar la oferta. Las empresas que escuchan y adaptan sus productos o servicios a lo que realmente necesita el cliente son las que logran relaciones duraderas.

Colanta, una de las cooperativas más grandes del sector lácteo en Colombia, ha sido reconocida por su capacidad para adaptar sus productos a las necesidades del mercado local, escuchando a sus consumidores y adaptando su oferta a las preferencias y cambios en la demanda.

El Ciclo de Vida del Cliente en las Ventas Basadas en Relaciones

Uno de los aspectos más importantes de las ventas basadas en relaciones es el concepto de **ciclo de vida del cliente**. No se trata solo de cerrar una venta, sino de acompañar al cliente a lo largo de diferentes etapas, desde el primer contacto hasta la postventa.

1. Prospección y Generación de Conexiones Iniciales

La primera etapa en cualquier relación es la prospección, es decir, identificar clientes potenciales. Sin embargo, en ventas basadas en relaciones, la prospección va más allá de captar la atención del cliente. Desde el primer contacto, el objetivo es generar una **conexión auténtica**, basada en el entendimiento de las necesidades y deseos del cliente.

2. Nutrición de la Relación

Una vez establecida la conexión inicial, es crucial **nutrir la relación**. Esto implica mantener una comunicación regular, ofrecer contenido relevante y proporcionar soluciones antes de que el cliente lo solicite. Aquí es donde las herramientas de CRM (Customer Relationship Management) juegan un papel crucial para personalizar la experiencia y mantener la relación viva.

3. Postventa: El Secreto para la Fidelización

El **servicio postventa** es una de las áreas más descuidadas, pero también una de las más importantes en las ventas basadas en relaciones. Cuidar al cliente después de la venta, estar disponible para consultas o problemas y seguir ofreciendo valor crea una experiencia positiva que garantiza la **repetición de compra** y la **fidelización**.

Un buen ejemplo en Colombia es el de **Servientrega**, que no solo entrega paquetes, sino que también se preocupa por el servicio postventa, asegurándose de que cada envío cumpla con las expectativas del cliente y resolviendo cualquier inconveniente de forma rápida y eficiente.

El Futuro de las Ventas Basadas en Relaciones

El enfoque de ventas basado en relaciones no es solo una tendencia; es el futuro de las ventas. A medida que el mercado se vuelve más competitivo y los consumidores más exigentes, las empresas que logren construir relaciones sólidas serán las que prosperen. El poder de las ventas basadas en relaciones radica en su capacidad para transformar clientes ocasionales en **defensores de la marca** a largo plazo.

Las empresas colombianas tienen una rica historia en la construcción de relaciones sólidas y este enfoque seguirá siendo fundamental en el crecimiento y la expansión del mercado. Para los vendedores y profesionales del marketing, dominar el arte de las relaciones es una habilidad crucial que les permitirá no solo sobrevivir, sino prosperar en un entorno empresarial en constante cambio.

Capítulo 9: La Negociación en el Proceso de Ventas

La negociación es un arte esencial en el proceso de ventas, donde se busca llegar a un acuerdo que beneficie tanto al vendedor como al comprador. En un mundo cada vez más competitivo, la habilidad para negociar eficazmente puede marcar la diferencia entre cerrar un trato exitoso o perder una oportunidad valiosa. Este capítulo explora los principios de la negociación en ventas, las técnicas más efectivas y cómo aplicarlas en el contexto del mercado colombiano.

1. La Importancia de la Negociación en Ventas

La negociación no es solo una etapa en el proceso de ventas; es un componente crítico que influye en la relación entre el vendedor y el cliente. Una buena negociación puede:

- **Construir relaciones**: Las negociaciones exitosas generan confianza y establecen relaciones duraderas con los clientes, lo cual es fundamental en mercados como el colombiano, donde las relaciones personales son clave.
- **Maximizar el valor**: Al negociar, las partes buscan maximizar el valor percibido del acuerdo, lo que puede resultar en un beneficio económico para ambas partes.
- **Resolver conflictos**: Las habilidades de negociación ayudan a manejar y resolver conflictos que puedan surgir durante el proceso de ventas, permitiendo un enfoque colaborativo.

2. Elementos Clave de una Negociación Exitosa

Preparación

La preparación es fundamental para cualquier negociación exitosa. Implica investigar sobre el cliente, entender sus necesidades y establecer objetivos claros. Las empresas colombianas, como **Nutresa**, que opera en el sector alimentario, realizan investigaciones exhaustivas sobre sus clientes y competidores antes de entrar en negociaciones. Esto les permite posicionarse adecuadamente y presentar ofertas que realmente satisfacen las necesidades del cliente.

Escucha Activa

La escucha activa es esencial en la negociación. Permite a los vendedores entender completamente las preocupaciones y necesidades de sus clientes. Empresas como **Bancolombia** han implementado programas de capacitación que enfatizan la importancia de la escucha activa en sus ejecutivos de ventas. Esta práctica les permite construir una conexión más profunda con sus clientes y responder de manera más efectiva a sus inquietudes.

Flexibilidad y Adaptabilidad

Las negociaciones pueden ser dinámicas, por lo que es crucial ser flexible y estar dispuesto a adaptarse a nuevas situaciones. Durante las conversaciones, pueden surgir nuevas información o cambios en las necesidades del cliente. Un vendedor efectivo debe estar preparado para ajustar su enfoque y encontrar soluciones creativas.

3. Técnicas de Negociación en Ventas

Técnica de la Posición y el Interés

Esta técnica implica identificar tanto la posición (lo que cada parte quiere) como los intereses (por qué lo quieren).

Comprender los intereses del cliente permite a los vendedores ofrecer alternativas que pueden satisfacer ambas partes. Por ejemplo, en el sector tecnológico, empresas como **Tigo** negocian con clientes empresariales al ofrecer soluciones personalizadas que abordan sus necesidades específicas, en lugar de simplemente centrarse en el precio.

Win-Win

El enfoque win-win, o ganar-ganar, busca que ambas partes se sientan satisfechas con el resultado de la negociación. Este tipo de negociaciones fomenta relaciones a largo plazo y lealtad. **Ecopetrol**, una de las principales empresas de energía en Colombia, a menudo aplica este enfoque en sus negociaciones con proveedores y clientes, asegurando que ambas partes se beneficien de los acuerdos alcanzados.

Anclaje

La técnica de anclaje implica establecer un punto de referencia inicial en la negociación que influya en la percepción de las partes sobre el valor del acuerdo. Por ejemplo, si un vendedor establece un precio inicial alto, puede influir en la percepción del comprador sobre el valor del producto, permitiendo negociar un precio final que sea favorable para ambas partes.

4. Errores Comunes en la Negociación

- **No escuchar al cliente**: Ignorar las necesidades y preocupaciones del cliente puede llevar a un fracaso en la negociación. Es fundamental prestar atención y hacer preguntas relevantes.
- **Centrarse únicamente en el precio**: Muchas veces, los vendedores se enfocan demasiado en el precio, olvidando otros aspectos como el servicio, la calidad y

la relación. Los clientes a menudo valoran más la calidad y la atención al cliente que el precio más bajo.

- **No prepararse adecuadamente**: La falta de preparación puede resultar en una negociación desfavorable. Es esencial conocer la empresa, el producto y al cliente antes de entrar en la sala de negociación.

5. La Negociación en el Contexto Colombiano

En Colombia, las negociaciones a menudo están influenciadas por la cultura y el contexto social. Las relaciones personales juegan un papel crucial en los negocios y construir confianza es fundamental. Las empresas colombianas, como **Alpina**, a menudo invierten tiempo en conocer a sus clientes y establecer relaciones personales antes de abordar negociaciones importantes.

Además, es importante entender las costumbres locales y adaptarse a ellas. Las negociaciones en Colombia pueden incluir aspectos como el tiempo dedicado a la charla informal, el establecimiento de relaciones de confianza y la importancia de la comunicación no verbal.

Capítulo 10: Storytelling: El Arte de Contar Historias para Vender

El **storytelling** o el arte de contar historias se ha convertido en una de las herramientas más poderosas en el ámbito del marketing y las ventas. En un mundo saturado de información y opciones, las marcas que logran conectar emocionalmente con su audiencia a través de narrativas cautivadoras tienen una ventaja significativa. Este capítulo explorará cómo el storytelling puede transformar la forma en que las empresas se comunican con sus clientes, creando conexiones profundas que trascienden el simple acto de vender.

La Fuerza de las Historias en la Comunicación

Desde tiempos inmemoriales, las historias han sido una parte fundamental de la experiencia humana. Nos han ayudado a **transmitir conocimientos**, a **entender el mundo** y a **conectar emocionalmente** con los demás. Las historias no solo informan, sino que también inspiran, motivan y generan empatía. En el contexto de las ventas, el storytelling se convierte en una estrategia clave para captar la atención del consumidor y fomentar una conexión más profunda con la marca.

1. La Estructura de una Buena Historia

Un buen storytelling se basa en una estructura clara que permite a la audiencia seguir la narrativa con facilidad. Las historias más efectivas suelen tener:

- **Un Protagonista**: El personaje principal con el que la audiencia puede identificarse.
- **Un Conflicto**: El desafío o problema que enfrenta el protagonista, que genera interés y tensión.

77

- **Una Resolución**: La solución al conflicto, que a menudo involucra el producto o servicio que se está vendiendo.

Por ejemplo, en Colombia, la marca de chocolates **La Casa del Chocolate** ha utilizado el storytelling para narrar la historia detrás de sus productos. Hablan sobre los agricultores que cultivan el cacao y cómo cada tableta de chocolate es el resultado de un proceso artesanal que combina tradición y pasión. Esta conexión emocional no solo resalta la calidad del producto, sino que también fomenta un sentido de comunidad y apoyo a los productores locales.

2. Conectar Emocionalmente con el Público

Una de las claves del storytelling efectivo es la capacidad de **conectar emocionalmente** con el público. Las emociones son un motor poderoso en la toma de decisiones de compra. Cuando una historia resuena emocionalmente con la audiencia, se establece una conexión que va más allá del producto.

La empresa colombiana **Postobón**, conocida por sus bebidas, ha utilizado el storytelling en sus campañas publicitarias al contar historias de comunidad y celebración. Por ejemplo, en ocasiones especiales como la Navidad, crean comerciales que muestran a familias disfrutando momentos juntos, resaltando la importancia de compartir y celebrar con sus productos. Este enfoque no solo promueve la marca, sino que también establece un vínculo emocional con los consumidores, que ven a Postobón como parte de sus tradiciones y celebraciones.

El Storytelling como Estrategia de Marketing

1. Crear una Narrativa de Marca Coherente

La narrativa de una marca debe ser **coherente y auténtica** en todos los puntos de contacto con el cliente. Desde la publicidad hasta el contenido en redes sociales, la historia que cuenta la marca debe reflejar sus valores y misión.

Un ejemplo claro en el contexto colombiano es **Rappi**, la aplicación de entrega a domicilio. Desde sus inicios, Rappi ha utilizado el storytelling para contar la historia de cómo busca facilitar la vida de las personas, presentando a sus "Rappitenderos" como héroes cotidianos que ayudan a los consumidores a obtener lo que necesitan en el momento que lo desean. Esta narrativa no solo posiciona a Rappi como un servicio conveniente, sino que también resalta la importancia de su comunidad de repartidores.

2. Utilizar el Storytelling en Diversos Canales

El storytelling se puede aplicar en diversos canales de marketing, desde campañas en redes sociales hasta contenido en blogs y videos. Las marcas que utilizan diferentes formatos para contar su historia logran llegar a una audiencia más amplia y mantener el interés.

Por ejemplo, **Juan Valdez**, la emblemática marca colombiana de café, ha creado una serie de videos y publicaciones en redes sociales que destacan la tradición del cultivo del café en Colombia, las historias de los agricultores y la calidad de su producto. Este enfoque no solo educa a los consumidores sobre el café colombiano, sino que también crea una conexión emocional al compartir la rica historia cultural detrás de cada taza.

Medir el Impacto del Storytelling en las Ventas

Para que el storytelling sea efectivo, es importante **medir su impacto** en las ventas y en la percepción de la marca. Esto puede hacerse a través de métricas como:

- **Engagement en Redes Sociales**: Número de interacciones (me gusta, comentarios, compartidos) que generan las historias compartidas.
- **Tasa de Conversión**: Cómo las historias impactan en la decisión de compra de los consumidores.
- **Lealtad de Marca**: Evaluar si el storytelling ayuda a crear una base de clientes fieles que regresan a comprar.

Un caso interesante es el de **Avianca**, la aerolínea colombiana que ha utilizado el storytelling en sus campañas para resaltar la belleza y diversidad de Colombia. A través de videos que muestran destinos turísticos y la experiencia de viajar, han logrado no solo atraer clientes, sino también reforzar la conexión emocional con el país y su cultura. Al medir el engagement y la conversión a través de estas campañas, Avianca ha podido ajustar sus estrategias y maximizar el impacto de sus historias.

El Futuro del Storytelling en las Ventas

A medida que las tecnologías avanzan y el comportamiento del consumidor evoluciona, el storytelling seguirá siendo una herramienta esencial en el arsenal de ventas y marketing. Las marcas que logren adaptarse y contar historias auténticas y emocionantes estarán en una posición ventajosa para destacarse en un mercado competitivo.Las plataformas emergentes como la realidad aumentada (AR) y la realidad virtual (VR) están comenzando a transformar la forma en que se cuentan historias. La capacidad de sumergir a los consumidores en una experiencia narrativa única y emocional podría redefinir el futuro del marketing y las ventas. El futuro, tal como lo entendemos hoy, es más incierto que nunca. Estamos al borde de cambios que la humanidad aún no alcanza a imaginar, cambios que vendrán de la mano de la nueva revolución: la revolución cuántica. Esta transformación nos hará repensar muchos aspectos de la planificación a largo plazo y es posible que nuestros enfoques tradicionales ya no sean útiles para un futuro tan impredecible.

En lugar de anclarnos a estrategias rígidas, es más sensato centrarnos en lo que funciona ahora y en desarrollar la capacidad de adaptarnos rápidamente a lo que viene. Este enfoque ágil nos permitirá no solo sobrevivir, sino prosperar en un contexto donde las reglas del juego pueden cambiar por completo en cualquier momento.

Esta revolución se refiere especialmente al desarrollo de tecnologías que aprovechan principios de la mecánica cuántica, como la computación cuántica, la comunicación cuántica y la criptografía cuántica.

La computación cuántica, por ejemplo, tiene el potencial de resolver problemas de una magnitud y complejidad que las computadoras tradicionales no pueden abordar. Esto abre puertas para avances en áreas como la inteligencia artificial, la simulación de procesos químicos complejos y la optimización de sistemas, lo que podría impactar todos los sectores, incluidas las ventas y el comercio. Así que sí, la "revolución cuántica" está en sus primeras fases y a medida que estas tecnologías se desarrollen y se integren, podríamos ver cambios radicales en la forma en que operan los mercados, se analiza la información y se toman decisiones estratégicas.

Capítulo 11: Generación de Leads

La generación de leads es un componente crítico en cualquier estrategia de ventas y marketing. En este capítulo, exploraremos qué son los leads, su importancia en el proceso de ventas, las técnicas efectivas para generarlos y cómo las empresas colombianas pueden implementarlas para maximizar su potencial de crecimiento.

1. ¿Qué es un Lead?

Un lead se define como un contacto comercial que ha expresado interés en los productos o servicios de una empresa. Estos contactos pueden surgir a través de diversas fuentes, como interacciones en línea, eventos de networking, o referencias. Los leads son esenciales porque representan oportunidades potenciales de venta.

Tipos de Leads:

- **Leads Fríos**: Contactos que aún no han mostrado interés genuino en la oferta de la empresa.
- **Leads Cálidos**: Aquellos que han interactuado con la empresa, por ejemplo, al descargar un recurso o registrarse en un webinar.
- **Leads Calientes**: Clientes potenciales que están listos para comprar y han mostrado un interés claro en los productos o servicios.

2. La Importancia de la Generación de Leads

La generación de leads es fundamental para el crecimiento sostenible de una empresa. Algunas razones incluyen:

- **Aumento de Ventas**: Cada lead representa una posible venta. Al generar más leads, se amplían las oportunidades de conversión y cierre.
- **Segmentación de Clientes**: La generación de leads permite a las empresas identificar y segmentar a sus clientes ideales, facilitando estrategias de marketing más efectivas.
- **Construcción de Relaciones**: Al interactuar con leads, las empresas pueden comenzar a construir relaciones duraderas con clientes potenciales, lo que puede resultar en lealtad y repetición de negocios.

3. Estrategias para la Generación de Leads

1. Contenido de Valor

Crear contenido relevante y útil es una de las estrategias más efectivas para atraer leads. Esto puede incluir blogs, ebooks, webinars y videos informativos. Las empresas colombianas como **Platzi**, que ofrece cursos en línea, han utilizado esta estrategia con éxito, proporcionando contenido educativo que atrae a estudiantes y profesionales interesados en mejorar sus habilidades.

2. Optimización para Motores de Búsqueda (SEO)

Implementar técnicas de SEO puede aumentar la visibilidad de una empresa en los motores de búsqueda. Al optimizar su sitio web y contenido para palabras clave relevantes, las empresas pueden atraer tráfico orgánico y generar leads de calidad.

3. Marketing en Redes Sociales

Las redes sociales son una herramienta poderosa para la generación de leads. Al compartir contenido atractivo y participar en conversaciones con la audiencia, las empresas pueden atraer a clientes potenciales. Utilizando plataformas como Instagram y Facebook, empresas como **Éxito** han logrado construir una comunidad activa que se traduce en leads y ventas.

4. Publicidad de Pago por Clic (PPC)

Las campañas de PPC, como Google Ads o anuncios en redes sociales, permiten a las empresas llegar a audiencias específicas y generar leads rápidamente. Estas campañas son particularmente efectivas para promociones y lanzamientos de productos. **Bancolombia**, por ejemplo, utiliza publicidad PPC para atraer nuevos clientes a sus servicios financieros.

5. Email Marketing

El email marketing es una técnica clásica pero efectiva para la generación de leads. Al ofrecer contenido valioso a través de newsletters y promociones, las empresas pueden captar el interés de sus suscriptores. La clave está en segmentar la lista de contactos para enviar mensajes personalizados. **Alpina**, una empresa de productos lácteos, ha implementado estrategias de email marketing para informar a sus clientes sobre nuevos productos y promociones.

4. Herramientas para la Generación de Leads

Para facilitar la generación de leads, las empresas pueden utilizar diversas herramientas:

- **CRM (Customer Relationship Management)**: Estas plataformas permiten a las empresas gestionar sus relaciones con los clientes, hacer un seguimiento de los leads y automatizar procesos de ventas. Herramientas como **Salesforce** son ampliamente utilizadas por empresas para optimizar su gestión de leads.
- **Landing Pages**: Las páginas de aterrizaje son específicas para convertir visitantes en leads al ofrecer

contenido valioso a cambio de información de contacto. Empresas como **Interrapidísimo**, que ofrece servicios de mensajería en Colombia, utilizan landing pages efectivas para captar datos de clientes potenciales.

- **Chatbots**: Los chatbots pueden interactuar con los visitantes del sitio web, responder preguntas y capturar información de contacto de manera eficiente. Esta tecnología se ha vuelto esencial para empresas que buscan mejorar la experiencia del cliente y aumentar la generación de leads.

5. Medición y Análisis de Leads

Para evaluar la efectividad de las estrategias de generación de leads, las empresas deben medir y analizar su rendimiento. Algunas métricas importantes incluyen:

- **Tasa de Conversión de Leads**: Cuántos leads se convierten en clientes.
- **Costo por Lead (CPL)**: Cuánto cuesta generar un lead en relación con el retorno de inversión.
- **Calidad del Lead**: Evaluar la calidad de los leads generados para asegurarse de que se alineen con el perfil del cliente ideal.

6. La Generación de Leads en el Contexto Colombiano

En Colombia, las empresas enfrentan desafíos y oportunidades únicos en la generación de leads. La penetración de internet y el uso de dispositivos móviles han crecido significativamente, lo que abre nuevas vías para la generación de leads en línea.

Empresas como **Rappi** han sabido aprovechar esta tendencia al ofrecer promociones y descuentos a través de sus aplicaciones, atrayendo a un gran número de usuarios interesados. En el capítulo sobre generación de leads, es crucial destacar que tener un ecommerce excepcional o una vitrina atractiva no es suficiente si no se genera tráfico hacia estas plataformas. La generación de leads se convierte en uno de los aspectos más importantes del proceso de ventas, ya que es el primer paso para convertir visitantes en clientes. Sin un flujo constante de tráfico calificado, incluso los mejores productos o servicios pueden pasar desapercibidos.

El tráfico no solo implica atraer visitantes a la página web, sino también asegurarse de que estos visitantes sean los adecuados: aquellos que tienen una verdadera necesidad o interés en lo que se ofrece. Las estrategias de marketing digital, como SEO, publicidad en redes sociales y campañas de email marketing, son esenciales para generar leads de calidad. Sin ellas, se corre el riesgo de tener una vitrina magnífica que, aunque cautivadora, no logra realizar el correcto proceso de conversión, limitando así las oportunidades de venta y el crecimiento del negocio.

Capítulo 12: Fidelizando Clientes

En el mundo empresarial actual, la fidelización de clientes se ha convertido en una estrategia fundamental para el éxito a largo plazo de cualquier organización. Más que solo adquirir nuevos clientes, las empresas deben centrarse en construir relaciones duraderas con sus consumidores, convirtiéndolos en defensores de la marca. Este capítulo explora la importancia de la fidelización de clientes, estrategias efectivas, ejemplos de empresas colombianas que han sobresalido en este aspecto y la alquimia necesaria para cultivar relaciones auténticas y duraderas.

1. La Importancia de la Fidelización de Clientes

La fidelización de clientes no solo se trata de mantener a los consumidores comprando productos o servicios de una empresa; implica crear un vínculo emocional y de confianza que genere lealtad. Las razones para enfocarse en la fidelización son múltiples:

1.1. Reducción de Costos de Adquisición

Adquirir nuevos clientes puede ser costoso, ya que implica inversiones en publicidad y marketing. Según estudios, retener a un cliente existente puede ser entre cinco y veinticinco veces más económico que adquirir uno nuevo. Por lo tanto, desarrollar una base de clientes leales puede ser una estrategia más sostenible y rentable.

1.2. Aumento de Ventas y Rentabilidad

Los clientes leales tienden a gastar más y a realizar compras repetidas. De acuerdo con investigaciones, los clientes que repiten compras pueden llegar a gastar hasta un 67% más en comparación con los nuevos consumidores. Esto se traduce en un aumento significativo de ingresos y rentabilidad para las empresas.

1.3. Referencias y Publicidad Boca a Boca

Los clientes satisfechos son más propensos a recomendar una marca a amigos y familiares, actuando como embajadores de la marca. Este tipo de marketing boca a boca es invaluable, ya que la gente confía más en las recomendaciones de sus conocidos que en la publicidad tradicional.

2. Estrategias para Fidelizar Clientes

Para cultivar la lealtad del cliente, las empresas deben implementar estrategias efectivas. Aquí se presentan algunas de las más destacadas:

2.1. Personalización de la Experiencia del Cliente

La personalización es clave para hacer que los clientes se sientan valorados. Esto implica adaptar las interacciones y ofertas en función de las preferencias y comportamientos individuales. Las empresas pueden utilizar datos de compra y comportamiento para ofrecer recomendaciones personalizadas.

Ejemplo: **Éxito**, una de las cadenas de supermercados más grandes de Colombia, utiliza su programa de lealtad, **Puntos Éxito**, para ofrecer descuentos y promociones personalizadas a sus clientes, basado en sus hábitos de compra. Esto no solo mejora la experiencia del cliente, sino que también incrementa la frecuencia de compras.

2.2. Programas de Recompensas

Los programas de recompensas son una forma efectiva de incentivar a los clientes a regresar. Estos programas pueden ofrecer puntos por cada compra, descuentos exclusivos, o recompensas especiales después de un número determinado de compras.

Ejemplo: **Avianca**, la aerolínea colombiana, cuenta con su programa **Avianca LifeMiles**, que permite a los viajeros acumular millas por cada vuelo y canjearlas por viajes, mejoras de clase y otros beneficios. Esto no solo motiva a los clientes a seguir volando con la aerolínea, sino que también crea una conexión emocional con la marca.

2.3. Atención al Cliente de Calidad

Una atención al cliente excepcional es fundamental para fomentar la lealtad. Los clientes deben sentirse escuchados y valorados, especialmente cuando tienen problemas o inquietudes. Las empresas deben capacitar a su personal para ofrecer un servicio amable, rápido y efectivo.

Ejemplo: **Rappi**, la plataforma de entrega a domicilio, ha destacado por su servicio al cliente. Utiliza un sistema de atención que permite a los usuarios resolver sus problemas rápidamente a través de chat en línea, teléfono y redes sociales. Este enfoque proactivo en la atención al cliente ha llevado a muchos usuarios a preferir Rappi sobre sus competidores.

3. El Valor de la Comunicación Continua

Mantener una comunicación constante y relevante con los clientes es esencial para la fidelización. Esto incluye el uso de correos electrónicos, redes sociales y mensajes de texto para mantener a los clientes informados sobre promociones, lanzamientos de productos y contenido valioso.

3.1. Creación de Contenido de Valor

Proporcionar contenido relevante y útil puede ayudar a mantener a los clientes comprometidos. Las empresas deben ofrecer información que aborde las necesidades y deseos de sus clientes, demostrando así que comprenden su mercado.

Ejemplo: **La 14**, una cadena de supermercados colombiana, ofrece recetas y consejos de cocina a través de su blog y redes sociales, lo que no solo atrae a los clientes, sino que también fomenta un sentido de comunidad y lealtad hacia la marca.

3.2. Feedback y Encuestas

Solicitar feedback y realizar encuestas a los clientes permite a las empresas conocer sus opiniones y experiencias. Este tipo de interacción demuestra que la empresa valora las opiniones de sus clientes y está dispuesta a mejorar.

4. La Alquimia de la Fidelización de Clientes

La fidelización de clientes es, en última instancia, una forma de alquimia: transformar una simple transacción en una relación duradera. Para lograr esto, las empresas deben:

- **Cultivar la Confianza**: Ser transparentes en sus operaciones y en la comunicación con los clientes.
- **Crear Conexiones Emocionales**: Contar historias que resuenen con los valores y aspiraciones de los clientes.
- **Adaptarse y Evolucionar**: Escuchar a los clientes y ajustar las ofertas y servicios en función de sus necesidades cambiantes.

Una estrategia efectiva y clásica de fidelización de clientes es ofrecer detalles especiales al final del año, como licores y dulces, que siempre generan una conexión positiva con los consumidores. Estas sorpresas no solo muestran aprecio por la lealtad del cliente, sino que también crean una experiencia memorable que puede fomentar la repetición de compras.

Además, es fundamental que las empresas con ecommerce busquen constantemente nuevas estrategias para mantener el interés de sus clientes. Esto puede incluir promociones exclusivas, descuentos en productos relacionados, o la implementación de programas de referidos que premien a los clientes por atraer a nuevos compradores. Al combinar detalles personales y promociones estratégicas, las marcas pueden fortalecer su relación con los clientes y aumentar la tasa de retención.

Capítulo 13: Neuromarketing: Entendiendo la Mente del Consumidor

El neuromarketing es una disciplina que fusiona el marketing con la neurociencia, con el objetivo de comprender cómo los estímulos de marketing afectan el comportamiento del consumidor a nivel cerebral. Este enfoque revolucionario permite a las marcas entender mejor las decisiones de compra de sus clientes, optimizando sus estrategias para resonar más profundamente en la mente del consumidor. Este capítulo explora los fundamentos del neuromarketing, sus aplicaciones en el mundo real y cómo puede transformar las estrategias de marketing en las empresas colombianas.

1. ¿Qué es el Neuromarketing?

El neuromarketing se basa en el estudio de cómo el cerebro humano responde a diferentes estímulos de marketing. Utiliza herramientas y técnicas de la neurociencia, como la **resonancia magnética funcional (fMRI)** y el **electroencefalograma (EEG)**, para observar la actividad cerebral en respuesta a anuncios, productos y otros elementos de marketing.

El objetivo principal del neuromarketing es **desentrañar los procesos mentales** que llevan a los consumidores a tomar decisiones. Al comprender estos procesos, las empresas pueden crear campañas más efectivas, personalizadas y atractivas que se alineen con las emociones y motivaciones de sus clientes.

2. Principios Fundamentales del Neuromarketing

Emociones y Decisiones de Compra

Las decisiones de compra a menudo se basan más en emociones que en la lógica. El neuromarketing enfatiza la importancia de las emociones, como el miedo, la alegría y la sorpresa, en la toma de decisiones. Las marcas que logran conectar emocionalmente con sus consumidores pueden influir de manera más efectiva en sus elecciones.

Por ejemplo, **Bavaria**, una de las principales empresas cerveceras de Colombia, ha utilizado campañas publicitarias que apelan a la nostalgia y el orgullo cultural. Al mostrar momentos de celebración y conexión entre amigos y familiares, la marca crea un vínculo emocional que va más allá del simple consumo de cerveza.

El Papel de los Sentidos

El neuromarketing también examina cómo los estímulos sensoriales, como los olores, colores y sonidos, influyen en el comportamiento del consumidor. Las empresas pueden utilizar esta información para crear experiencias de marca más inmersivas.

Por ejemplo, **Alpina**, una reconocida empresa colombiana de productos lácteos, utiliza colores vibrantes y empaque atractivo que no solo capturan la atención, sino que también evocan sensaciones de frescura y calidad. El uso de imágenes que representan la naturaleza y la producción artesanal ayuda a establecer una conexión emocional con los consumidores.

3. Aplicaciones del Neuromarketing en el Mundo Real

Optimización de Campañas Publicitarias
El neuromarketing permite a las marcas probar diferentes enfoques publicitarios antes de lanzarlos al mercado. Al medir la respuesta cerebral de los consumidores a varios anuncios, las empresas pueden identificar cuál resuena más y ajustar sus campañas en consecuencia.

Por ejemplo, **Éxito**, una de las cadenas de supermercados más grandes de Colombia, ha utilizado estudios de neuromarketing para entender cómo sus campañas publicitarias afectan las emociones y decisiones de compra de los consumidores. Al ajustar el contenido y los mensajes de sus anuncios, lograron aumentar la efectividad de sus campañas y mejorar la percepción de la marca.

Diseño de Productos y Empaques
El neuromarketing también se aplica al diseño de productos y empaques. Comprender cómo los consumidores perciben visualmente un producto puede influir en su decisión de compra.

Postobón, al lanzar una nueva bebida, utilizó principios de neuromarketing para diseñar un empaque atractivo que llamara la atención en los estantes. Al incluir colores llamativos y elementos gráficos que evocan frescura y energía, lograron captar la atención de los consumidores y aumentar las ventas.

4. Neuromarketing y la Experiencia del Cliente

Personalización de la Experiencia
El neuromarketing permite a las marcas personalizar la experiencia del cliente, lo que a su vez puede aumentar la

satisfacción y la lealtad. Al comprender cómo los consumidores responden a diferentes estímulos, las marcas pueden adaptar su comunicación y ofertas a las preferencias individuales.

Empresas como **Falabella**, una tienda por departamentos, han implementado estrategias de neuromarketing para personalizar las ofertas y promociones enviadas a los clientes. Utilizando datos de comportamiento de compra y preferencias, han logrado crear campañas dirigidas que generan una mayor conexión emocional y satisfacción.

Fidelización del Cliente
El neuromarketing también juega un papel crucial en la fidelización del cliente. Al entender cómo las emociones influyen en la lealtad, las empresas pueden crear estrategias que fomenten relaciones a largo plazo con sus consumidores.

Por ejemplo, **Davidson**, una marca colombiana de ropa, ha implementado estrategias de neuromarketing para generar una experiencia de compra más emocional y memorable. A través de campañas que destacan la historia detrás de la marca y la calidad de sus productos, han logrado cultivar una base de clientes leales que se identifican con la marca y sus valores.

5. Ética y Neuromarketing

A medida que el neuromarketing gana popularidad, surgen también preocupaciones éticas. La capacidad de manipular las emociones y decisiones del consumidor plantea preguntas sobre la responsabilidad de las marcas. Es fundamental que las empresas utilicen el neuromarketing de manera ética y transparente, garantizando que no se exploten vulnerabilidades en el proceso de toma de decisiones.

Capítulo 14: El Poder de las Marcas

Las marcas son más que simples logotipos o nombres; son la esencia de lo que una empresa representa y la percepción que tienen los consumidores sobre ella. En este capítulo, exploraremos el poder de las marcas, su impacto en las decisiones de compra, cómo construir una marca sólida y ejemplos de marcas colombianas que han logrado posicionarse en el mercado.

1. La Esencia de una Marca

Una marca es un conjunto de atributos que se asocian a un producto, servicio o empresa. Incluye elementos tangibles, como el nombre y el diseño, así como intangibles, como la reputación, la calidad y la relación emocional que se establece con los consumidores. Este conjunto de atributos crea una identidad única que diferencia a una empresa de sus competidores.

Elementos Clave de una Marca:

- **Nombre**: Debe ser memorable y relevante.
- **Logotipo**: Debe reflejar la personalidad de la marca.
- **Colores y Tipografía**: Transmiten la identidad visual de la marca.
- **Mensaje y Valores**: Lo que la marca representa y comunica a sus consumidores.

2. La Importancia de las Marcas

Las marcas desempeñan un papel crucial en el mundo empresarial. Algunas de las razones que destacan su importancia incluyen:

101

- **Diferenciación**: En un mercado saturado, una marca sólida ayuda a diferenciarse de la competencia. Por ejemplo, **Bavaria**, una de las cerveceras más grandes de Colombia, se ha diferenciado con su amplia gama de cervezas, cada una con su propia identidad y propuesta de valor.
- **Confianza y Lealtad**: Las marcas establecidas generan confianza en los consumidores. Cuando las personas asocian una marca con calidad y servicio, es más probable que repitan sus compras. Un gran ejemplo es **Alpina**, que ha construido una reputación de productos lácteos de alta calidad, generando lealtad entre sus consumidores.
- **Valor Percibido**: Una marca fuerte puede justificar precios más altos al ofrecer un valor percibido superior. Las marcas de lujo, como **Juan Valdez**, que simboliza el café colombiano, han logrado posicionarse como productos premium, lo que les permite mantener precios elevados.
- **Emociones y Conexiones**: Las marcas exitosas crean conexiones emocionales con sus consumidores. Esto puede ser a través de historias de marca que resuenan con la audiencia. **Éxito**, una de las cadenas de supermercados más grandes de Colombia, ha utilizado campañas que destacan su compromiso con la comunidad y el bienestar social, lo que fortalece su conexión emocional con los consumidores.

3. Construyendo una Marca Sólida

Crear una marca sólida no sucede de la noche a la mañana. Requiere un enfoque estratégico y una inversión continua en el desarrollo de la identidad de la marca. Aquí hay algunos pasos para construir una marca fuerte:

1. Definir la Misión y Visión

Es fundamental que las empresas definan su misión y visión. ¿Qué quieren lograr? ¿Cuál es su propósito? Esta declaración orientará todas las decisiones relacionadas con la marca. Por ejemplo, **Postobón** se ha comprometido a ofrecer bebidas que fomenten la alegría y la conexión social, lo que guía su estrategia de marca.

2. Conocer al Público Objetivo

Entender quiénes son los consumidores es esencial para desarrollar una marca que resuene con ellos. Las empresas deben investigar y segmentar su mercado para identificar sus necesidades y deseos. **Rappi** ha logrado esto al ofrecer servicios personalizados que responden a las expectativas de sus clientes.

3. Desarrollar una Propuesta de Valor Única (PVU)

La propuesta de valor única es lo que hace que una marca se destaque. Debe ser clara y concisa y debe responder a la pregunta: ¿por qué los consumidores deberían elegir nuestra marca? **Frutilat**, una marca colombiana de frutas en conserva, se ha diferenciado al ofrecer productos saludables y deliciosos, posicionándose como una opción atractiva para consumidores conscientes de su salud.

4. Crear una Identidad Visual Consistente

Uno de los errores más comunes que llevan al fracaso de muchas marcas es la falta de importancia que se le da a la identidad visual. Con frecuencia, emprendedores y empresarios se enfocan exclusivamente en estrategias de marketing o ventas sin considerar que la base para que estas técnicas funcionen de forma efectiva es una identidad visual sólida y coherente.

Cuando la identidad visual no está bien definida, los mensajes de la marca se perciben como inconsistentes y poco profesionales. Sin una identidad visual clara—que incluya un logotipo reconocible, una paleta de colores estable, tipografías alineadas y un tono de voz coherente—los clientes tienen dificultades para identificar la marca y distinguirla de sus competidores. Este problema genera desconfianza y reduce el impacto de cualquier esfuerzo de marketing, dificultando la fidelización y el crecimiento de la marca.

Si no tienes el conocimiento o los recursos para desarrollar una identidad visual profesional, te recomiendo que busques el apoyo de un experto en diseño de marca. Un profesional puede guiarte en la construcción de una identidad visual coherente que refleje adecuadamente los valores y objetivos de tu marca. De esta manera, sentarás una base sólida para construir relaciones duraderas con los clientes y facilitar la implementación de estrategias avanzadas de marketing y tecnología.

Una identidad visual bien trabajada no es solo estética; es el puente entre la marca y su audiencia. Recuerda: antes de lanzarte a captar más clientes, asegura que cada aspecto visual de tu marca comunique un mensaje claro, atractivo y consistente.

5. Establecer una Presencia en Línea

En la era digital, tener una presencia en línea sólida es esencial. Las marcas deben utilizar plataformas de redes sociales y un sitio web atractivo para interactuar con sus consumidores. **Ktronix**, una tienda de tecnología en Colombia, ha aprovechado las redes sociales para promocionar sus productos y mantener la conexión con sus clientes.

4. Ejemplos de Marcas Exitosas en Colombia

1. Avianca

Avianca, la aerolínea nacional de Colombia, es un ejemplo de una marca que ha sabido adaptarse a las necesidades cambiantes de los consumidores. A través de un enfoque en la calidad del servicio y la innovación, ha mantenido su posición en la industria de la aviación a lo largo de los años.

2. Grupo Nutresa

Este conglomerado de alimentos ha creado un portafolio diverso de marcas, desde galletas hasta café. Su enfoque en la sostenibilidad y la responsabilidad social ha fortalecido su marca y su conexión con los consumidores.

3. Bancolombia

Como uno de los principales bancos del país, Bancolombia ha implementado estrategias de marketing que destacan su compromiso con la inclusión financiera y la innovación tecnológica, lo que ha fortalecido su marca y la ha posicionado como un líder en el sector financiero.

5. El Impacto del Branding en las Ventas

El branding eficaz no solo mejora la percepción de la marca, sino que también tiene un impacto directo en las ventas. Las marcas que logran construir una fuerte identidad y conexión emocional con sus consumidores tienden a ver un aumento en la lealtad, lo que se traduce en ventas recurrentes y en un crecimiento sostenido a largo plazo.

6. La Alquimia de las Marcas

El concepto de "alquimia de las marcas" se refiere a la capacidad de transformar elementos comunes en algo extraordinario. Al igual que los alquimistas buscaban convertir metales básicos en oro, las marcas pueden transformar productos ordinarios en experiencias excepcionales. Esto se logra a través de una historia convincente, una identidad visual atractiva y un profundo entendimiento de las necesidades y deseos del consumidor.

Las marcas que logran esta transformación no solo crean lealtad y reconocimiento, sino que también construyen una comunidad alrededor de sus valores y propósitos. En el contexto colombiano, esto es fundamental para el crecimiento y la sostenibilidad de las empresas.

Capítulo 15: Construcción de Marca

La construcción de marca es un proceso estratégico y creativo que implica dar forma a la identidad de una empresa y establecer una conexión emocional con sus consumidores. En un mundo saturado de opciones, la capacidad de una marca para destacarse y resonar en la mente y el corazón del público es esencial para su éxito. Este capítulo explorará los fundamentos de la construcción de marca, los elementos clave que la componen y ejemplos de marcas colombianas que han logrado hacerlo con éxito.

1. Comprendiendo la Construcción de Marca

La construcción de marca es más que simplemente diseñar un logotipo o elegir un nombre. Es un enfoque integral que abarca todos los aspectos de cómo una empresa se presenta al mundo y cómo es percibida por su audiencia. Incluye:

- **Identidad de Marca**: La esencia de lo que la marca representa, sus valores y su misión.
- **Imagen de Marca**: La percepción que tienen los consumidores sobre la marca, influenciada por su comunicación y las experiencias con el producto o servicio.
- **Experiencia de Marca**: Cómo se sienten los consumidores al interactuar con la marca en diferentes puntos de contacto, desde la publicidad hasta el servicio al cliente.

2. Elementos Clave en la Construcción de Marca

Para construir una marca efectiva, es necesario enfocarse en varios elementos clave:

1. Misión y Visión

Una marca debe tener una misión clara que responda a preguntas como: ¿Por qué existe la marca? ¿Qué valor aporta a sus consumidores? La visión debe describir cómo la marca se ve a sí misma en el futuro. Por ejemplo, **Café San Alberto** no solo se dedica a la producción de café de alta calidad, sino que también busca preservar la cultura cafetera de Colombia y mejorar la calidad de vida de los caficultores.

2. Propuesta de Valor Única (PVU)

La PVU es lo que diferencia a una marca de sus competidores. Debe ser clara y comunicarse de manera efectiva. **Bavaria**, por ejemplo, ha sabido posicionarse como un referente en la industria cervecera al ofrecer una variedad de productos que satisfacen diferentes gustos y preferencias, además de promover la cultura cervecera en Colombia.

3. Identidad Visual

La identidad visual de la marca incluye su logotipo, paleta de colores, tipografía y otros elementos gráficos que la representan. Todo debe ser coherente y alineado con la personalidad de la marca. **Éxito**, con su logotipo distintivo y colores vibrantes, se ha convertido en un símbolo de confianza y calidad en el sector retail.

4. Tono y Voz de Marca

El tono y la voz de la marca deben ser consistentes en todas las comunicaciones, ya sean formales, informales, amigables o serias. **Movistar**, por ejemplo, utiliza un tono accesible y cercano en sus campañas, lo que ayuda a establecer una relación más personal con sus clientes.

5. Conocimiento del Público Objetivo

Entender a quién se dirige la marca es esencial. Esto implica investigar y segmentar el mercado para identificar las necesidades, deseos y comportamientos del consumidor. **Rappi** ha hecho un gran trabajo al conocer a su público objetivo, ofreciendo un servicio personalizado que se adapta a las preferencias de sus usuarios.

3. Estrategias de Construcción de Marca

Existen diversas estrategias que las empresas pueden implementar para construir y fortalecer su marca:

1. Contar una Historia
Las historias son una forma poderosa de conectar emocionalmente con los consumidores. **Juan Valdez** ha utilizado la narrativa del café colombiano, destacando el esfuerzo y la dedicación de los caficultores, lo que no solo promociona el producto, sino que también crea un sentido de comunidad y pertenencia.

2. Crear Experiencias Memorables
La experiencia de marca va más allá del producto; implica todas las interacciones del consumidor con la marca. **Alpina** ha trabajado en ofrecer experiencias que van desde degustaciones de productos en supermercados hasta iniciativas educativas sobre la nutrición, lo que ayuda a crear memorias positivas asociadas a la marca.

3. Fomentar la Lealtad del Cliente
Construir lealtad a través de programas de fidelización, ofertas exclusivas y un servicio al cliente excepcional es fundamental. **Exito** ha implementado un programa de puntos que recompensa a los consumidores por su lealtad, lo que incentiva las compras repetidas.

4. Innovación Constante

Las marcas deben adaptarse a las tendencias y necesidades cambiantes del mercado. La innovación puede presentarse en la forma de nuevos productos, servicios o formas de comunicación. **Postobón**, por ejemplo, ha lanzado varias líneas de productos saludables para satisfacer la creciente demanda de opciones más sanas.

4. Ejemplos de Éxito en la Construcción de Marca en Colombia

1. Avianca

Avianca ha trabajado arduamente para construir una marca que represente no solo el transporte aéreo, sino también el orgullo colombiano. Su enfoque en la calidad del servicio y la atención al cliente ha permitido que los pasajeros asocien la marca con experiencias positivas de viaje.

2. Grupo Nutresa

Grupo Nutresa ha construido una sólida reputación como líder en la industria de alimentos, enfocándose en la sostenibilidad y la responsabilidad social. Su estrategia de marca ha permitido que se perciba como un actor comprometido con el bienestar de sus consumidores y del medio ambiente.

3. Bancolombia

La estrategia de Bancolombia se centra en la inclusión financiera y el uso de la tecnología. Su marca se ha asociado con la innovación y la confianza, lo que les ha permitido atraer y retener a un gran número de clientes en el sector financiero.

5. La Alquimia de la Construcción de Marca

La construcción de una marca efectiva es un arte que requiere habilidad, paciencia y una comprensión profunda del mercado. Es como la alquimia, donde se combinan diferentes elementos para crear algo valioso. La alquimia de la marca se basa en la capacidad de transformar una simple idea en una identidad que resuene y se conecte emocionalmente con el público.

Capítulo 16: El Ecosistema Digital – Un Entorno Integral para el Crecimiento Empresarial

En la era actual, donde la mayoría de las interacciones y decisiones de compra ocurren en línea, construir una presencia digital efectiva y sostenible es esencial para cualquier empresa. El **ecosistema digital** se refiere al conjunto de herramientas, plataformas y estrategias que permiten a las marcas crear una conexión con su audiencia, aumentar su visibilidad y, en última instancia, potenciar su crecimiento.

Este entorno comprende diversos componentes, cada uno con su rol específico, pero todos trabajando en armonía para cumplir los objetivos de la marca.

¿Qué es el Ecosistema Digital?

El ecosistema digital es un sistema de marketing online interconectado que incluye redes sociales, SEO, SEM, plataformas de contenido, email marketing, publicidad en línea y comercio electrónico, entre otros. Este entorno facilita que las empresas lleguen a su audiencia de forma efectiva, construyendo relaciones y proporcionando valor a lo largo del proceso de compra.

Componentes Clave del Ecosistema Digital

Para comprender mejor el ecosistema digital, es útil desglosar sus componentes principales y el papel que cada uno desempeña en la estrategia de marketing:

1. **Sitio Web**: El sitio web es el eje de tu presencia en línea y el lugar donde las audiencias pueden conocer mejor tus productos o servicios. Un sitio web bien diseñado, rápido, seguro y optimizado para móviles no solo mejora la experiencia del usuario sino que también contribuye a tus esfuerzos de SEO.

2. **SEO (Optimización en Motores de Búsqueda)**: Permite que tu sitio web sea encontrado en los motores de búsqueda de forma orgánica. El SEO es crucial para atraer tráfico relevante a largo plazo y para posicionar tu marca como una autoridad en tu industria.

3. **SEM (Marketing en Motores de Búsqueda)**: Complementa el SEO con publicidad pagada para obtener resultados inmediatos. El SEM es ideal para alcanzar visibilidad rápida y se utiliza para campañas promocionales específicas y para atraer tráfico a corto plazo.

4. **Redes Sociales**: Facebook, Instagram, LinkedIn, TikTok y otras plataformas sociales son espacios de interacción directa con la audiencia. Son canales ideales para compartir contenido, conocer a tu comunidad y construir relaciones con los clientes de manera más personal.

5. **Email Marketing**: Esta herramienta sigue siendo una de las más efectivas para mantener el contacto con los clientes y potenciales clientes. Una estrategia de email marketing bien diseñada permite construir relaciones a largo plazo y ofrece oportunidades de conversión al compartir contenido de valor y promociones personalizadas.

6. **Comercio Electrónico (E-commerce)**: Las tiendas en línea son el núcleo de ventas para muchas empresas, especialmente en el contexto actual donde las compras online han aumentado significativamente. Los sistemas de e-commerce permiten gestionar inventarios, realizar

transacciones y ofrecer una experiencia de compra integral.

7. **Marketing de Contenidos**: El contenido en forma de blogs, artículos, videos y gráficos es clave para atraer, educar y comprometer a la audiencia. El marketing de contenidos ayuda a construir autoridad y ofrece valor al cliente, facilitando la conversión y la retención.

8. **Publicidad Digital**: La publicidad en plataformas como Google Ads, Facebook Ads y otros espacios permite que las marcas aumenten su alcance y visibilidad. La segmentación avanzada de anuncios permite llegar a audiencias específicas según sus intereses, ubicación y comportamiento en línea.

La Importancia de Unificar los Esfuerzos en un Solo Canal

Para muchas empresas emergentes, es tentador diversificar las estrategias de marketing desde el principio, abarcando múltiples plataformas y canales al mismo tiempo. Sin embargo, esta dispersión puede diluir los esfuerzos y dificultar el establecimiento de una presencia sólida en el mercado.

Por esta razón, es fundamental **unificar los esfuerzos en un solo canal** al principio. Al concentrar tus recursos y energía en un único canal, puedes construir una base sólida y obtener resultados más rápidamente. Una vez que hayas alcanzado el éxito en ese canal, tendrás la oportunidad de diversificarte y explorar nuevas plataformas para ampliar tu alcance y conectar con diferentes segmentos de audiencia.

1. **Mejor Enfoque**: Al centrarte en un solo canal, puedes dedicar tiempo y recursos a perfeccionar tus tácticas y optimizar cada aspecto de tu estrategia.
2. **Construcción de una Base de Clientes**: Un enfoque concentrado te permite construir una relación más profunda con tus primeros clientes y comprender mejor sus necesidades y preferencias.
3. **Aumento de la Eficiencia**: Evitar la dispersión de recursos te permite maximizar la eficiencia y el retorno de inversión en el canal seleccionado.
4. **Lecciones Aprendidas**: Una vez que logres el éxito en un canal, habrás adquirido conocimientos y experiencia que puedes aplicar al expandir tus esfuerzos a otros canales.

¿Por qué es Importante el Ecosistema Digital?

El ecosistema digital permite a las empresas adaptar su enfoque y canales de comunicación según las necesidades y comportamientos del cliente en distintas etapas del proceso de compra. Este sistema integral permite que las empresas se adapten rápidamente a las tendencias, aumenten su visibilidad y proporcionen valor en todo momento. Los beneficios del ecosistema digital incluyen:

1. **Mayor Visibilidad**: Al usar una combinación de SEO, SEM, redes sociales y contenido, tu marca está presente donde tu audiencia pasa la mayor parte de su tiempo.
2. **Adaptabilidad**: El ecosistema digital es flexible y permite ajustar las estrategias en tiempo real según las tendencias y el comportamiento del cliente.

3. **Medición y Análisis**: Las herramientas digitales permiten medir el impacto de cada canal, ayudándote a optimizar tus estrategias en función de datos reales y a obtener un mayor retorno de inversión.
4. **Escalabilidad**: A medida que una empresa crece, el ecosistema digital se puede adaptar para soportar un volumen mayor de clientes y ofrecer una experiencia de marca consistente en todos los puntos de contacto.
5. **Centralidad en el Cliente**: El ecosistema digital permite que las marcas respondan mejor a las necesidades del cliente, personalizando su experiencia e interactuando con ellos de manera relevante y oportuna.

Recomendaciones para Construir un Ecosistema Digital Efectivo

1. **Establece una Estrategia Integral**: Antes de implementar herramientas o plataformas, es crucial desarrollar una estrategia que defina los objetivos y cómo cada componente del ecosistema digital contribuirá a ellos.
2. **Invierte en una Base Sólida**: Tu sitio web y presencia en redes sociales son los cimientos de tu ecosistema. Asegúrate de que ambos reflejen de manera coherente tu identidad de marca y brinden una experiencia de usuario óptima.
3. **Combina Estrategias de Tráfico Orgánico y Pagado**: Utiliza tanto SEO como SEM para garantizar una visibilidad constante. Mientras el SEO toma tiempo, el SEM puede generar tráfico inmediato y juntos fortalecen tu posicionamiento en el tiempo.
4. **Conoce a tu Audiencia**: Utiliza herramientas de análisis para obtener una comprensión profunda de

quiénes son tus clientes, sus intereses y cómo interactúan con tu contenido. Esto permitirá personalizar y mejorar la experiencia del cliente en cada punto de contacto.

5. **Mide y Optimiza Constantemente**: Monitorea el rendimiento de cada canal y ajusta tus estrategias en función de los resultados. El análisis de datos es clave para saber qué funciona y dónde debes hacer ajustes.

El Ecosistema Digital como el Centro de la Estrategia Empresarial

Para empresas que buscan adaptarse y sobresalir en el entorno actual, el ecosistema digital no es solo un canal más de comunicación, sino un núcleo de operación y crecimiento. Al integrar correctamente cada componente de este ecosistema, las empresas pueden construir una red robusta que no solo les permite alcanzar a más clientes, sino también entender mejor sus necesidades, responder a ellas con agilidad y crear relaciones duraderas.

En última instancia, un ecosistema digital bien diseñado puede ser el motor que impulse a una empresa hacia el éxito y la sostenibilidad a largo plazo, posicionándola firmemente en un mercado cada vez más competitivo y digital.

En el capítulo "El Ecosistema Digital como el Centro de la Estrategia Empresarial", es fundamental explorar cómo tecnologías emergentes como el metaverso y la computación cuántica pueden integrarse para transformar la manera en que las empresas interactúan con sus clientes y operan internamente. El metaverso ofrece un espacio virtual donde las empresas pueden crear experiencias inmersivas y personalizadas para sus consumidores. Este entorno permite interacciones más significativas, como la posibilidad de probar productos en un espacio virtual antes de comprarlos, lo que puede aumentar la conversión de ventas y la satisfacción del cliente. Por otro lado, la computación cuántica tiene el potencial de revolucionar el análisis de datos, permitiendo a las empresas procesar enormes volúmenes de información de manera mucho más rápida y eficiente. Esto puede mejorar la toma de decisiones estratégicas y personalizar aún más las experiencias del cliente en el metaverso. Integrar estas dos tecnologías permite a las empresas no solo optimizar su funcionamiento interno, sino también ofrecer un enfoque más holístico y adaptado a las necesidades de sus consumidores. Al combinar la inmersión del metaverso con la potencia analítica de la computación cuántica, las organizaciones pueden construir un ecosistema digital dinámico que no solo atraiga a los clientes, sino que también les ofrezca valor continuo a lo largo de su experiencia de compra.

Capítulo 17: Integración del Mercado Digital y Tradicional – La Fusión que Potencia las Estrategias Comerciales

En el mundo contemporáneo, los límites entre el mercadeo digital y el tradicional se han vuelto difusos y las empresas exitosas son aquellas que han aprendido a combinar lo mejor de ambos mundos. La integración de las estrategias digitales con las tácticas tradicionales no solo potencia el alcance y la efectividad de las campañas, sino que también permite a las empresas adaptarse a las necesidades cambiantes de los consumidores, que buscan experiencias consistentes y coherentes, tanto en línea como fuera de línea.

En este capítulo, exploraremos cómo las empresas pueden fusionar de manera efectiva el mercadeo digital y tradicional para crear una estrategia integral que aproveche las fortalezas de ambos enfoques. A través de ejemplos de empresas colombianas, veremos cómo esta integración ha permitido generar mayor visibilidad, lealtad del cliente y mejores resultados comerciales.

El Enfoque Tradicional: Fundamentado en la Experiencia Directa

El **mercadeo tradicional** tiene sus raíces en los métodos probados y validados de la publicidad, como los medios impresos, la televisión, la radio y la publicidad exterior. Estos canales permiten una exposición masiva, alcanzando audiencias amplias y ofreciendo un impacto emocional y visual potente. A lo largo de la historia, las empresas han confiado en estas técnicas para construir marcas sólidas y crear reconocimiento.

En Colombia, empresas icónicas como **Postobón** han dominado el uso del mercadeo tradicional para fortalecer su identidad de marca. Desde anuncios televisivos que resuenan con la cultura colombiana hasta grandes vallas publicitarias que destacan en ciudades como Bogotá y Medellín, Postobón ha sabido utilizar los canales tradicionales para consolidarse como un líder en el mercado de bebidas.

Sin embargo, a pesar del éxito del mercadeo tradicional, la evolución hacia lo digital ha sido inevitable. Hoy en día, las campañas más efectivas no son las que se limitan a un solo enfoque, sino las que logran combinar las tácticas tradicionales con las herramientas digitales para llegar a los consumidores dondequiera que se encuentren.

El Enfoque Digital: Personalización y Medición en Tiempo Real

Por otro lado, el **mercadeo digital** ofrece un nivel de precisión y personalización sin precedentes. A diferencia de las estrategias tradicionales, que dependen en gran medida de la intuición y el análisis de tendencias macroeconómicas, el mercadeo digital permite a las empresas medir cada acción, desde el clic en un anuncio hasta la conversión en una compra y ajustar sus tácticas en tiempo real.

Un claro ejemplo de éxito en Colombia es **Avianca**, la aerolínea que ha sabido integrar ambos enfoques para ofrecer experiencias coherentes a sus clientes. Mientras que Avianca utiliza anuncios en televisión y periódicos para crear reconocimiento de marca, también se ha destacado por su presencia digital a través de campañas en redes sociales, personalización de ofertas por correo electrónico y la optimización de su sitio web y aplicación móvil para ofrecer promociones especiales. Esta integración les ha permitido captar la atención de diferentes segmentos de mercado, desde viajeros corporativos hasta turistas.

El Poder de la Integración: ¿Por Qué Combinar Mercadeo Digital y Tradicional?

La combinación de ambos enfoques potencia las fortalezas de cada uno y permite que las empresas maximicen el impacto de sus campañas. Mientras el mercadeo tradicional sigue siendo clave para generar visibilidad masiva y construir confianza de marca, el mercadeo digital es insustituible para segmentar audiencias y personalizar mensajes, logrando conversiones efectivas.

Al integrar estos dos enfoques, las empresas pueden:

1. **Maximizar el Alcance**: El mercadeo tradicional sigue siendo ideal para generar reconocimiento masivo. Un anuncio en televisión o una campaña impresa en un periódico de gran tirada puede llegar a millones de personas al mismo tiempo. Al combinar esto con campañas digitales, como la publicidad en redes sociales o la segmentación en Google Ads, las empresas pueden seguir a su audiencia desde una exposición inicial a la acción de compra.
2. **Crear Experiencias Omnicanal**: Los consumidores modernos interactúan con las marcas en múltiples plataformas. Un cliente puede ver un anuncio en la televisión, investigar más en un sitio web y luego hacer una compra en una tienda física o en línea. Las estrategias que integran mercadeo digital y tradicional permiten a las empresas crear una experiencia coherente y fluida a través de todos estos puntos de contacto. Un ejemplo en Colombia es **Alkosto**, que ha logrado crear una experiencia omnicanal efectiva combinando

anuncios televisivos, catálogos impresos y una plataforma de comercio electrónico que permite recoger las compras en sus tiendas físicas.

3. **Medir y Optimizar Resultados**: Mientras que el impacto del mercadeo tradicional puede ser difícil de medir con precisión, el mercadeo digital permite una evaluación detallada y en tiempo real del rendimiento de cada campaña. Esta capacidad para medir datos digitales también puede beneficiar las campañas tradicionales. Por ejemplo, una empresa puede usar el tráfico web generado por un anuncio televisivo para evaluar su efectividad y ajustar futuras campañas.

Estrategias para Lograr la Integración Exitosa

La integración exitosa del mercadeo digital y tradicional requiere una planificación cuidadosa y la alineación de objetivos. A continuación, exploramos algunas de las tácticas clave para lograr esta fusión:

1. Campañas Multicanal

Una estrategia multicanal implica la utilización de diversos canales para difundir el mismo mensaje de forma coherente. Por ejemplo, **Colgate** ha lanzado en Colombia campañas de salud dental que incluyen comerciales televisivos, promociones en redes sociales y concursos en línea, lo que les permite captar la atención del público desde diferentes frentes.

2. Unificar la Identidad de Marca

La consistencia en la identidad de marca es crucial. Ya sea en un cartel en la calle o en un anuncio digital, la imagen, el tono y el mensaje deben ser coherentes. Esto genera confianza y familiaridad con la marca. **Éxito**, por ejemplo, ha sabido unificar su mensaje entre medios tradicionales como prensa y televisión, mientras refuerza su presencia digital a través de promociones en su tienda en línea y publicidad en redes sociales.

3. Uso de Datos para Informar Estrategias Tradicionales

El mercadeo digital permite a las empresas recopilar datos detallados sobre sus clientes. Estos datos pueden ser utilizados para informar y ajustar estrategias tradicionales. Si una empresa nota que cierto segmento de la población está respondiendo favorablemente a un anuncio en redes sociales, puede utilizar esa información para ajustar sus campañas de televisión o radio. **Carulla**, la cadena de supermercados colombiana, ha utilizado datos de su programa de lealtad en línea para personalizar anuncios impresos que se distribuyen en las tiendas.

4. Generar Engagement a través de la Experiencia Físico-Digital

Una forma efectiva de integrar mercadeo digital y tradicional es generar experiencias físico-digitales. Las empresas pueden utilizar campañas en medios tradicionales para invitar a los consumidores a interactuar con sus plataformas digitales, o viceversa. **Falabella** ha implementado promociones en su sitio web que pueden ser canjeadas en tiendas físicas, cerrando la brecha entre el mundo online y offline.

Casos de Éxito Colombianos en la Integración del Mercadeo

En Colombia, varias empresas han sido pioneras en la integración exitosa del mercadeo digital y tradicional. Veamos algunos ejemplos destacados:

- **Bancolombia**: Ha fusionado sus estrategias tradicionales con campañas digitales para promover sus servicios financieros. Desde comerciales en televisión hasta campañas de marketing de contenido en redes sociales, Bancolombia ha logrado crear una estrategia omnicanal que abarca tanto el público masivo como audiencias específicas.
- **Tigo**: Esta empresa de telecomunicaciones ha utilizado anuncios en televisión, radio y publicidad exterior para reforzar su imagen, mientras complementa esas campañas con ofertas exclusivas y descuentos a través de su app y redes sociales. Este enfoque les ha permitido captar una base de clientes diversa en diferentes puntos de contacto.

Capítulo 18: Mercadeo Digital – El Arte de la Conexión Global

El **mercadeo digital** ha revolucionado la manera en que las empresas llegan a sus audiencias, rompiendo barreras geográficas y permitiendo una conexión directa y personalizada con millones de consumidores. Este enfoque no solo transforma la forma en que las marcas interactúan con sus clientes, sino que también les permite medir, analizar y optimizar cada aspecto de sus estrategias en tiempo real. En este capítulo, exploraremos cómo el mercadeo digital ha evolucionado, las herramientas y tácticas que lo componen y cómo empresas colombianas han logrado destacarse utilizando estas técnicas.

El mercadeo digital es la piedra angular de la era moderna. A través de la publicidad en redes sociales, el SEO (Search Engine Optimization), el email marketing, el content marketing y las campañas de pago por clic (PPC), las empresas ahora pueden crear estrategias hiper-segmentadas que hablan directamente al cliente ideal en el momento preciso. Esta capacidad de personalización y medición ha convertido al mercadeo digital en una herramienta indispensable para todas las empresas, desde pequeñas startups hasta gigantes corporativos.

El Origen del Mercadeo Digital: De lo Global a lo Local

El mercadeo digital comenzó a ganar terreno a principios de los años 2000 con la explosión del internet y el acceso masivo a la web. Inicialmente, las empresas se centraban en tener una presencia en línea básica a través de sitios web estáticos. Sin embargo, a medida que la tecnología avanzó, también lo hicieron las herramientas y las plataformas digitales, permitiendo una interacción más dinámica y personalizada con los usuarios.

En Colombia, muchas empresas han adoptado rápidamente el mercadeo digital para hacer crecer sus negocios y conectar con sus audiencias. Un ejemplo de éxito es **Juan Valdez**, que ha utilizado el marketing digital no solo para promover sus productos a nivel nacional, sino también para llevar su marca de café colombiano a audiencias internacionales. A través de campañas en redes sociales, colaboraciones con influencers y una tienda en línea intuitiva, Juan Valdez ha logrado posicionarse como una marca global sin perder su esencia local.

Las Herramientas Fundamentales del Mercadeo Digital

El mercadeo digital incluye una serie de herramientas y estrategias que permiten a las empresas llegar a su público de manera efectiva y medible. A continuación, destacamos algunas de las más importantes:

1. SEO (Optimización para Motores de Búsqueda)
El SEO es la base del mercadeo digital orgánico. Se trata de optimizar el contenido y el diseño de un sitio web para que aparezca en los primeros resultados de los motores de búsqueda como Google. En Colombia, muchas empresas han

invertido en SEO para asegurarse de que su presencia digital sea visible y accesible para sus clientes. Por ejemplo, **Totto**, una reconocida marca colombiana de mochilas y ropa, ha utilizado estrategias de SEO para incrementar su visibilidad en los motores de búsqueda y atraer tráfico cualificado a su tienda en línea, aumentando significativamente sus ventas.

2. Redes Sociales

Las plataformas de redes sociales como Facebook, Instagram, Twitter y TikTok son pilares del mercadeo digital moderno. No solo permiten a las marcas conectarse directamente con su audiencia, sino que también ofrecen herramientas avanzadas de segmentación para llegar a clientes específicos con anuncios altamente personalizados. En Colombia, **Rappi** ha aprovechado el poder de las redes sociales para promocionar sus servicios de entrega y expandir su base de clientes. A través de campañas creativas y contenido interactivo, Rappi ha logrado consolidarse como una de las startups más exitosas de América Latina.

3. Email Marketing

A pesar de ser una de las estrategias de mercadeo digital más antiguas, el email marketing sigue siendo una de las más efectivas. La clave del éxito del email marketing reside en su capacidad para llegar directamente a la bandeja de entrada del usuario con mensajes personalizados y relevantes. En Colombia, **Falabella** ha utilizado campañas de email marketing para mantener una relación cercana con sus clientes, enviando promociones exclusivas, novedades de productos y recordatorios personalizados, lo que les ha permitido aumentar la lealtad de sus clientes y mejorar sus tasas de conversión.

4. *Content Marketing*

El marketing de contenidos es una estrategia que se enfoca en crear y distribuir contenido valioso, relevante y consistente para atraer y retener una audiencia claramente definida. En lugar de centrarse en vender productos o servicios de manera directa, el objetivo es proporcionar valor a los usuarios, construyendo confianza y posicionando a la marca como un referente en su industria. Un buen ejemplo en Colombia es **La República**, que ha utilizado el content marketing a través de su sitio web y redes sociales para posicionarse como un medio líder en noticias económicas y financieras.

5. *Publicidad de Pago por Clic (PPC)*

La publicidad PPC permite a las empresas pagar solo cuando un usuario hace clic en su anuncio, lo que hace que sea una de las estrategias más rentables en términos de retorno de la inversión (ROI). Google Ads y Facebook Ads son dos de las plataformas más populares para ejecutar campañas de PPC. **Colsubsidio**, una empresa colombiana que ofrece servicios de salud, educación y recreación, ha utilizado campañas de PPC en Google para promover sus servicios y atraer nuevos usuarios a sus programas de afiliación.

El Arte de Atraer y Convertir Clientes en el Mundo Digital

El mercadeo digital es, en esencia, una alquimia entre datos y creatividad. Por un lado, permite a las empresas obtener información detallada sobre sus clientes, sus comportamientos y sus preferencias. Por otro lado, les da la libertad de crear campañas personalizadas y atractivas que capturan la atención del consumidor. La verdadera magia del mercadeo digital ocurre cuando estos dos componentes trabajan juntos: cuando los datos se utilizan para crear campañas que resuenen profundamente en el público objetivo.

En este sentido, el **Grupo Éxito** ha sido pionero en Colombia en el uso del mercadeo digital para atraer y convertir clientes. A través de su programa de lealtad **Éxito Puntos**, han logrado recopilar una cantidad masiva de datos sobre las preferencias de sus consumidores, que luego utilizan para ofrecer promociones personalizadas y campañas dirigidas. Además, han integrado su tienda en línea con su aplicación móvil y sus canales en redes sociales, permitiendo a los clientes interactuar con la marca de manera fluida y consistente en todos los canales.

Medición y Optimización: La Fórmula del Éxito en el Marketing Digital

Uno de los mayores beneficios del mercadeo digital es su capacidad de medición. Cada acción, cada clic, cada interacción se puede rastrear y analizar, lo que permite a las empresas ajustar y optimizar sus estrategias en tiempo real. Esta capacidad de adaptación rápida es lo que diferencia al marketing digital de las formas más tradicionales de publicidad.

En Colombia, empresas como **Davivienda** han utilizado la analítica digital para optimizar sus campañas de marketing. A través del análisis de datos en tiempo real, Davivienda ha ajustado sus estrategias para aumentar las tasas de conversión en su sitio web y mejorar la satisfacción del cliente con sus productos financieros.

Casos de Éxito Colombianos en Mercadeo Digital

Colombia ha sido un semillero de empresas innovadoras que han sabido aprovechar el mercadeo digital para alcanzar el éxito. Algunas de las marcas más destacadas incluyen:

- **Rappi**: Su estrategia de mercadeo digital ha sido clave para su expansión internacional. Desde el uso de influencers hasta campañas segmentadas por comportamiento, Rappi ha dominado el arte de captar y retener clientes a través de plataformas digitales.
- **Totto**: Esta marca de moda ha sabido integrar el e-commerce con estrategias de marketing digital, lo que les ha permitido no solo aumentar sus ventas en línea, sino también fortalecer su presencia en mercados internacionales.
- **Crepes & Waffles**: A través de su página web y redes sociales, han utilizado el marketing de contenidos para destacar su enfoque en la sostenibilidad y el apoyo a mujeres cabeza de familia, creando una fuerte conexión emocional con sus clientes.

Capítulo 19: Mercadeo 360 – La Alquimia de la Conexión Total

El concepto de **mercadeo 360** se ha convertido en el epicentro de las estrategias comerciales más exitosas en el siglo XXI. A diferencia de las tácticas tradicionales de marketing, el enfoque 360 abarca la totalidad de la experiencia del cliente, integrando diferentes canales de comunicación y puntos de contacto para crear una experiencia coherente y holística. Es una alquimia moderna que combina creatividad, datos, tecnología y psicología para transformar la relación entre las marcas y los consumidores.

En este capítulo, exploraremos cómo empresas colombianas han adoptado el mercadeo 360 para alcanzar un éxito notable y cómo este enfoque se ha transformado en una herramienta esencial para captar y conservar clientes. A través de la integración de tecnologías digitales y una comprensión profunda del comportamiento del consumidor, el mercadeo 360 se ha convertido en la piedra angular de la transformación empresarial en Colombia y en todo el mundo.

El Origen del Mercadeo: Desde la Venta Directa hasta la Omnicanalidad

A lo largo de la historia del comercio, el marketing ha sido una herramienta fundamental para atraer clientes y generar ventas. Sin embargo, hasta bien entrado el siglo XX, las estrategias de marketing estaban principalmente enfocadas en medios tradicionales como los anuncios impresos, la radio y la televisión. En esta época, el marketing se centraba en captar la atención del público, pero no necesariamente en crear una experiencia cohesiva.

El surgimiento del marketing 360 marca una revolución en esta forma de pensar. Ya no se trata solo de impactar en un solo canal o de alcanzar una audiencia masiva, sino de integrar todos los puntos de contacto entre la marca y el cliente en un ciclo continuo de comunicación. Cada interacción, desde un post en redes sociales hasta una experiencia en tienda física, se convierte en una oportunidad para reforzar la conexión con el cliente y fomentar su lealtad.

Empresas colombianas como **Éxito**, **Alpina** y **Bavaria** han sido pioneras en implementar estrategias de mercadeo 360, creando un ecosistema de comunicación que va más allá de la simple publicidad para centrarse en la experiencia total del consumidor. Por ejemplo, Éxito ha integrado su tienda física con su plataforma digital, ofreciendo una experiencia omnicanal que permite a los clientes hacer compras en línea, retirar productos en tienda o disfrutar de promociones exclusivas a través de su aplicación móvil. Este enfoque no solo mejora la experiencia del cliente, sino que también aumenta la fidelidad y las ventas.

La Alquimia del Marketing Digital: Transformar Datos en Conexiones Humanas

El mercadeo 360 es también una alquimia de datos y tecnología. Las empresas ya no se basan únicamente en la intuición para tomar decisiones estratégicas; ahora tienen acceso a una gran cantidad de datos que les permiten conocer a sus clientes con una precisión sin precedentes. Aquí es donde el arte del mercadeo se convierte en ciencia y la magia ocurre cuando se logra transformar esos datos en relaciones humanas auténticas.

Un ejemplo claro de esta transformación es **Rappi**, que ha logrado combinar el análisis de datos con la personalización de servicios para crear una experiencia de cliente única. Rappi no solo es una plataforma de entrega, sino que también ofrece productos financieros, soluciones de entretenimiento y hasta servicios de telemedicina, todo adaptado a las necesidades específicas de cada usuario. Gracias al análisis profundo de datos, Rappi puede personalizar las promociones y las recomendaciones de productos para cada usuario, creando una experiencia 360 donde cada interacción está diseñada para aumentar el valor percibido.

Otra empresa colombiana que ha adoptado este enfoque es **Claro**, que utiliza sus plataformas digitales para ofrecer una experiencia de usuario que integra desde servicios de telecomunicaciones hasta contenidos de entretenimiento. Claro ha aprendido a utilizar los datos de consumo de sus clientes para ofrecer promociones personalizadas, mejorar la atención al cliente a través de canales digitales y desarrollar productos innovadores que responden a las necesidades de sus usuarios.

El éxito de estas empresas se basa en su capacidad para hacer alquimia con los datos: transformar información en una experiencia de cliente única y personalizada, donde cada punto de contacto con la marca refuerza el valor de la relación.

Construyendo Relaciones Duraderas: El Arte de Conservar Clientes

El mercadeo 360 no se trata solo de captar clientes, sino de construir relaciones que perduren en el tiempo. En este enfoque, las empresas comprenden que la clave del éxito no está solo en la primera venta, sino en la capacidad de mantener una relación constante y valiosa con el cliente. Aquí es donde la alquimia del mercadeo alcanza su máxima expresión: transformar una interacción inicial en una relación duradera y próspera.

En Colombia, una empresa que ha dominado el arte de conservar clientes a través del mercadeo 360 es **Bancolombia**. A través de una combinación de canales digitales, atención personalizada y una sólida estrategia de fidelización, Bancolombia ha logrado mantener una relación cercana con sus clientes a lo largo del tiempo. Su aplicación móvil no solo permite realizar transacciones bancarias, sino que también ofrece recomendaciones personalizadas basadas en el comportamiento financiero del usuario, alertas sobre ofertas especiales y beneficios exclusivos para sus clientes más leales.

Esta estrategia de mercadeo 360 no solo refuerza la relación con el cliente, sino que también crea un ciclo continuo de valor, donde cada interacción con la marca se convierte en una oportunidad para generar más confianza y fidelidad.

El Factor Humano: La Alquimia Emocional del Mercadeo 360

A pesar del avance de la tecnología y el uso intensivo de datos, el mercadeo 360 no puede olvidar un componente esencial: la conexión emocional. En un mundo donde las marcas compiten constantemente por la atención de los consumidores, la verdadera alquimia se encuentra en la capacidad de las empresas para conectar emocionalmente con sus clientes. Las empresas colombianas han comprendido que, más allá de los datos, las emociones son el verdadero motor de las decisiones de compra.

Crepes & Waffles, por ejemplo, ha logrado crear una marca que no solo ofrece comida, sino una experiencia emocionalmente enriquecedora. A través de su enfoque en el servicio humanizado (empleando principalmente a mujeres cabeza de familia), su compromiso social y ambiental y la creación de ambientes cálidos y acogedores en sus restaurantes, Crepes & Waffles ha construido una conexión profunda con sus clientes. Aquí es donde entra el toque de alquimia: convertir una comida simple en un momento memorable y significativo.

Otro ejemplo es **Arturo Calle**, que ha logrado posicionarse no solo como una marca de ropa, sino como un símbolo de tradición, calidad y confianza en Colombia. A través de una experiencia 360 que combina tiendas físicas, presencia en línea, atención al cliente personalizada y un fuerte sentido de responsabilidad social, Arturo Calle ha logrado construir una marca que trasciende las modas pasajeras y crea una lealtad duradera en sus clientes.

La Omnipresencia de la Marca: Los Canales Integrados como Fórmula Alquímica

El mercadeo 360 también se basa en la capacidad de las marcas para estar presentes en todos los canales relevantes para sus clientes, de manera coherente y fluida. Esta omnipresencia no significa simplemente estar en todas partes, sino estar de la manera correcta en el lugar adecuado. Las empresas deben integrar sus estrategias de marketing digital, redes sociales, tiendas físicas y atención al cliente de una manera que el cliente sienta que la marca está con ellos en cada paso del camino.

Grupo Aval, uno de los conglomerados financieros más grandes de Colombia, ha entendido perfectamente esta necesidad de omnipresencia. A través de sus diferentes plataformas (desde bancos hasta medios digitales), Grupo Aval ha creado un ecosistema donde cada cliente puede acceder a servicios financieros de manera personalizada y coherente en cualquier canal, desde una sucursal física hasta una aplicación móvil. La clave de su éxito radica en su capacidad para integrar todos estos puntos de contacto en una experiencia 360 que asegura que cada cliente reciba el mismo nivel de servicio y valor, sin importar el canal que utilice.

Capítulo 20: Email Marketing – La Estrategia para Cultivar y Conectar con tu Audiencia

El email marketing sigue siendo una de las herramientas más efectivas para establecer relaciones a largo plazo con clientes y prospectos. A pesar del surgimiento de múltiples plataformas de comunicación, el correo electrónico ofrece algo que pocas herramientas pueden: una conexión directa y personalizada con la audiencia, en un espacio donde los usuarios están más dispuestos a recibir información y tomar decisiones de compra.

Con un enfoque bien planificado, el email marketing permite a las empresas captar la atención de su público, nutrir relaciones y guiar a los usuarios por un recorrido de compra altamente personalizado.

El Poder del Email Marketing en la Estrategia de Ventas

Para los emprendedores digitales, el email marketing no solo es una herramienta para generar ventas, sino también un canal para construir lealtad de marca y captar la atención en los momentos clave del recorrido del cliente. Esta estrategia se basa en enviar comunicaciones relevantes, segmentadas y atractivas, lo que ayuda a incrementar las tasas de conversión y fortalecer el vínculo con los clientes.

El verdadero valor del email marketing radica en su capacidad para llegar a personas que ya han demostrado interés en la marca, lo que significa que, cuando se hace correctamente, la respuesta y el retorno de inversión (ROI) suelen ser altos. Con herramientas adecuadas, puedes segmentar y automatizar correos para alcanzar a cada usuario en el momento adecuado.

Elementos Fundamentales para una Estrategia de Email Marketing Exitosa

1. **Segmentación de la Audiencia:** La segmentación permite dividir tu lista de contactos en grupos específicos con base en características comunes, como intereses, historial de compras o ubicación. Esto te ayuda a enviar correos mucho más personalizados y relevantes. Por ejemplo, puedes segmentar a clientes que han comprado en los últimos tres meses y enviarles ofertas de productos relacionados, o crear un segmento especial para clientes que aún no han realizado su primera compra.

2. **Personalización del Contenido:** Los correos genéricos suelen ser ignorados. La personalización, como incluir el nombre del destinatario o recomendar productos basados en sus compras anteriores, puede aumentar considerablemente las tasas de apertura y clics. La personalización va más allá de los detalles básicos; implica comprender a fondo las necesidades y el comportamiento del usuario para ofrecerle contenido que realmente le interese.

3. **Asuntos Atractivos y Llamativos:** El asunto es lo primero que ve el destinatario y es crucial para decidir si abrir o no el correo. Para crear asuntos efectivos, sé claro y directo y utiliza una llamada a la acción o una propuesta de valor que genere curiosidad. Un buen asunto debe ser breve, relevante y resaltar la ventaja principal del mensaje.

4. **Automatización y Flujo de Correos:** Las herramientas de automatización, como **Mailchimp, Klaviyo** o **HubSpot,** permiten crear flujos de correos que se envían automáticamente en función de los comportamientos del usuario. Por ejemplo, puedes configurar un flujo de bienvenida para nuevos suscriptores o un flujo de correos de recuperación de carritos abandonados para quienes no completaron una compra.

5. **Contenido de Valor:** Los correos deben ofrecer valor, no solo intentar vender productos. Envía contenido que eduque, entretenga o solucione problemas del cliente. Por ejemplo, un ecommerce de artículos para el hogar podría enviar correos con consejos de decoración o ideas para maximizar el espacio.

6. **Call to Action (CTA) Claro y Conciso:** Cada correo debe tener un objetivo claro y una llamada a la acción visible que dirija al lector a la acción deseada, como visitar tu tienda, leer un artículo o aprovechar una oferta especial. Un buen CTA debe destacarse en el diseño del correo y ofrecer un beneficio claro para el lector.

La Importancia del Diseño y la Experiencia de Usuario en Email Marketing

El diseño de tus correos es crucial para mantener la atención del lector y dirigirlo hacia la acción deseada. Un diseño limpio y coherente con tu identidad de marca aumenta las probabilidades de que el destinatario se sienta interesado en interactuar con el contenido. A continuación, algunos aspectos clave en el diseño:

- **Compatibilidad Móvil:** Hoy en día, la mayoría de las personas abren sus correos en dispositivos móviles, por lo que es vital que el diseño sea responsive y se adapte a diferentes tamaños de pantalla.

- **Equilibrio de Texto e Imágenes:** Un correo que contiene demasiadas imágenes o demasiado texto puede resultar abrumador. Un equilibrio adecuado mantiene el interés y facilita la lectura.
- **Elementos Visuales Consistentes:** Utiliza una paleta de colores y tipografía que refleje la identidad de tu marca y se mantenga consistente en todos los correos. Esto ayuda a fortalecer la imagen de la marca y crear familiaridad.

Métricas para Evaluar el Éxito de tus Campañas de Email Marketing

Medir el éxito de tus campañas es crucial para entender qué estrategias funcionan y cuáles necesitan ajustes. Algunas de las métricas clave incluyen:

- **Tasa de Apertura:** El porcentaje de personas que abrieron el correo. Un bajo porcentaje puede indicar que los asuntos no son atractivos o que la lista de suscriptores necesita limpieza.
- **Tasa de Clics (CTR):** La proporción de personas que hicieron clic en un enlace dentro del correo. Es una medida de qué tan atractivos y relevantes son los contenidos y CTA.
- **Tasa de Conversión:** La cantidad de personas que completaron la acción deseada (compra, suscripción, descarga) después de hacer clic en el correo.
- **Tasa de Rebote:** La cantidad de correos que no llegaron a sus destinatarios. Puede deberse a direcciones de correo inválidas y afecta la calidad de la lista de suscriptores.

- **Tasa de Cancelación de Suscripción:** Monitorea cuántas personas deciden darse de baja después de recibir un correo. Un aumento en esta métrica puede indicar que los correos no son relevantes o llegan con demasiada frecuencia.

Consejos Prácticos para los Nuevos Emprendedores en Email Marketing
Para quienes inician en email marketing, aquí algunos consejos útiles:

1. **Construye tu Lista de Manera Orgánica:** Evita comprar listas de correos. En su lugar, utiliza formularios de suscripción en tu sitio web o promociones en redes sociales para atraer suscriptores genuinos que realmente estén interesados en tu contenido.
2. **Crea un Calendario de Envíos:** Evita saturar a tus suscriptores con demasiados correos. Tener un calendario de envíos te permite planificar el contenido de manera estratégica y enviar correos solo cuando tengas algo de valor para compartir.
3. **Prueba y Optimiza Constantemente:** Realiza pruebas A/B con asuntos, contenido y CTAs para identificar qué elementos son más efectivos. Cada audiencia es única y estas pruebas te ayudarán a adaptar tu estrategia.
4. **Cumple con la Normativa de Privacidad:** Es importante cumplir con leyes como el **GDPR** en Europa o la **CAN-SPAM Act** en EE.UU., que protegen la privacidad de los usuarios. Incluye un enlace para darse de baja en todos tus correos y asegúrate de manejar los datos de forma segura.

El Futuro del Email Marketing: Hacia una Experiencia Cada Vez Más Personalizada

El email marketing continúa evolucionando, integrando inteligencia artificial y datos avanzados para ofrecer una experiencia cada vez más personalizada y relevante. En el futuro, veremos correos que anticipen las necesidades del usuario y se adapten en tiempo real a sus intereses. Además, la segmentación por comportamiento y la automatización avanzada serán herramientas esenciales para construir relaciones aún más sólidas con los clientes.

Para los emprendedores, dominar el email marketing es una inversión estratégica que no solo impulsa las ventas, sino que también cultiva una relación de confianza y lealtad con la audiencia, convirtiendo el correo electrónico en uno de los pilares del éxito en el mundo digital.

Capítulo 21: Marketing de Afiliados – Un Modelo de Negocio para Generar Ingresos Pasivos

El marketing de afiliados se ha convertido en una de las estrategias de venta y generación de ingresos pasivos más populares en el mundo digital. Se basa en una estructura simple pero poderosa: las empresas o marcas ofrecen una comisión a personas (afiliados) que promocionen sus productos o servicios y generen ventas a través de sus recomendaciones. Para los emprendedores y creadores de contenido, el marketing de afiliados representa una oportunidad para monetizar sus audiencias y su experiencia, mientras que para las empresas es una forma efectiva de aumentar su alcance sin arriesgar presupuesto en publicidad inicial.

¿Cómo Funciona el Marketing de Afiliados?

El marketing de afiliados funciona mediante un sistema de referencia: cuando alguien se une a un programa de afiliados, se le proporciona un enlace o código único para que lo comparta con su audiencia. Cada vez que alguien realiza una acción específica (como una compra) a través de ese enlace, el afiliado recibe una comisión. Esta estructura es beneficiosa para ambas partes, ya que:

1. La empresa obtiene ventas adicionales sin pagar un costo publicitario por adelantado.
2. El afiliado gana una comisión, generando ingresos pasivos al recomendar productos que cree que su audiencia encontrará útiles o interesantes.

Existen diferentes tipos de comisiones, que pueden ser de pago por venta, pago por clic o incluso pago por lead (cuando un usuario realiza una acción específica, como registrarse en una lista de correo).

La Importancia del Marketing de Afiliados en el Ecosistema Digital
El marketing de afiliados es una pieza fundamental en el ecosistema digital por varias razones:

- **Costos Publicitarios Reducidos para las Empresas:** En lugar de gastar grandes sumas en campañas de marketing que pueden o no dar resultados, las empresas solo pagan cuando los afiliados generan ventas, maximizando el retorno de la inversión.
- **Diversificación de Canales de Ventas:** Permite a las empresas llegar a nuevos segmentos de audiencia a través de personas que ya tienen una relación de confianza con esos grupos, lo cual mejora las tasas de conversión.
- **Potencial de Ingresos Pasivos para Emprendedores:** Para los afiliados, especialmente quienes tienen blogs, canales de YouTube o redes sociales activas, el marketing de afiliados es una forma de generar ingresos pasivos. Al recomendar productos que encajan con los intereses de su audiencia, pueden convertir su contenido en una fuente de ingresos constante.

Pasos para Iniciar en el Marketing de Afiliados

1. **Elegir un Nicho Relevante:** Para destacar en el marketing de afiliados, es esencial seleccionar un nicho

de mercado que te apasione o en el que tengas conocimientos y que también sea de interés para tu audiencia. Un nicho bien definido ayuda a construir una comunidad fiel, lo que a su vez facilita la conversión en ventas. Los nichos populares incluyen tecnología, moda, fitness, finanzas personales y productos de hogar.

2. **Seleccionar Programas de Afiliados:** La elección del programa de afiliados es crucial para el éxito. Existen programas de afiliados de grandes marketplaces como Amazon Associates, ShareASale y ClickBank, que ofrecen una amplia variedad de productos y servicios. Otras empresas ofrecen programas de afiliados directos, donde se pueden ganar comisiones más altas. Asegúrate de seleccionar productos relevantes y de calidad para tu audiencia.

3. **Generar y Publicar Contenido de Valor:** El contenido es la base de una estrategia de afiliados efectiva. Es importante crear contenido auténtico, educativo y útil, que ayude a tu audiencia a tomar decisiones informadas. Algunas formas populares de contenido en marketing de afiliados incluyen:

   o **Reseñas de Productos:** Comparte tu experiencia personal con el producto, destacando sus beneficios y limitaciones.

   o **Guías Comparativas:** Ofrece una comparativa de varios productos similares, resaltando sus diferencias y ayudando a los lectores a elegir el mejor.

   o **Tutoriales y Consejos:** Los tutoriales son muy efectivos, ya que muestran a los usuarios cómo utilizar un producto, lo que aumenta las probabilidades de compra.

4. **Optimizar el SEO para Aumentar el Alcance:** Asegúrate de optimizar tus publicaciones para los motores de búsqueda. Investigar y usar palabras clave

relevantes en el contenido puede aumentar su visibilidad en buscadores como Google, atrayendo tráfico orgánico. El SEO también ayuda a posicionar mejor el contenido frente a tu competencia.

5. **Utilizar el Email Marketing para el Marketing de Afiliados:** Con una lista de correos, puedes crear una comunidad y enviar contenido de valor de forma regular, recomendando productos de afiliados de manera no invasiva. Envía correos útiles y atractivos, que incluyan tus recomendaciones de productos junto con información valiosa para los suscriptores.

6. **Medir y Ajustar Estrategias:** La analítica es clave para mejorar el rendimiento. Revisa las métricas de clics, conversiones y ventas para cada producto afiliado. Si un producto o tipo de contenido no está generando ventas, prueba con otros productos o ajusta la estrategia de contenido.

Consejos para Construir Confianza con tu Audiencia

La confianza es fundamental en el marketing de afiliados. La audiencia debe sentir que tus recomendaciones son genuinas y no solo motivadas por la comisión. Algunos consejos para lograrlo son:

- **Recomienda Productos que Realmente Conozcas y Respaldes:** Esto no solo incrementa la confianza, sino que también facilita la creación de contenido más auténtico.
- **Sé Transparente con las Comisiones:** Informa a tu audiencia cuando un enlace es de afiliado. La transparencia construye confianza y cumple con las normativas de plataformas como Google y redes sociales.

- **Ofrece Valor Añadido:** Explica cómo el producto o servicio puede solucionar problemas o mejorar la vida de tu audiencia. En lugar de solo promover el producto, enfócate en el valor que ofrece.

Herramientas y Recursos para Emprendedores en Marketing de Afiliados

1. **Plataformas de Programas de Afiliados:** Marketplaces como **Amazon Associates, CJ Affiliate, ClickBank** y **Rakuten Advertising.**
2. **Herramientas de Analítica y SEO: Google Analytics, SEMrush** o **Ahrefs** para analizar el rendimiento y optimizar el contenido.
3. **Plataformas de Creación de Contenido:** Blogs en **WordPress,** canales de **YouTube,** cuentas de **Instagram** o **TikTok.**
4. **Email Marketing: Mailchimp** o **ConvertKit** para gestionar y optimizar campañas de correo electrónico.

Casos de Éxito en Marketing de Afiliados

Muchas empresas tradicionales y emprendedores han adoptado el marketing de afiliados con éxito, incluso aquellos que comenzaron en otros modelos de negocio. Empresas del modelo de ventas tradicional han incrementado sus ingresos al añadir una red de afiliados, quienes traen nuevos clientes a través de recomendaciones confiables. Este modelo permite alcanzar audiencias nuevas y expandir el alcance de la marca sin asumir los mismos riesgos que con publicidad paga.

Capítulo 22: Marketing de Influencers – Construyendo Conexiones Auténticas para Potenciar tu Marca

El marketing de influencers ha transformado la forma en que las marcas alcanzan y conectan con sus audiencias. A través de la colaboración con personas influyentes que ya cuentan con un público fiel, las empresas pueden mejorar su visibilidad y credibilidad de una manera auténtica y directa. Este modelo de marketing se basa en una premisa simple pero poderosa: las recomendaciones de personas en las que confiamos son mucho más efectivas que la publicidad tradicional.

En este capítulo exploraremos cómo funciona el marketing de influencers, qué ventajas ofrece y cómo puedes aprovechar esta estrategia para hacer crecer tu negocio.

¿Qué es el Marketing de Influencers?

El marketing de influencers consiste en colaborar con personas que tienen una fuerte presencia en redes sociales y una audiencia que confía en sus recomendaciones. Los influencers pueden abarcar una amplia gama de sectores, desde tecnología, belleza y moda, hasta comida y finanzas. La clave del marketing de influencers es la autenticidad: los seguidores de los influencers suelen percibir sus recomendaciones como auténticas, lo que aumenta las posibilidades de que los productos o servicios recomendados generen una respuesta positiva.

Los influencers se clasifican en diferentes categorías según el tamaño de su audiencia:

- **Nano-influencers:** Con menos de 10,000 seguidores, suelen tener un público muy específico y altos niveles de engagement.
- **Micro-influencers:** Con entre 10,000 y 100,000 seguidores, se especializan en nichos concretos y tienen una influencia significativa en su audiencia.
- **Macro-influencers:** Con entre 100,000 y 1 millón de seguidores, tienen un alcance amplio y se consideran figuras populares en su sector.
- **Mega-influencers:** Con más de un millón de seguidores, suelen ser celebridades o personalidades ampliamente reconocidas.

Ventajas del Marketing de Influencers para las Empresas

1. **Aumento de la Visibilidad de la Marca:** Colaborar con influencers permite a las marcas alcanzar a miles (o incluso millones) de personas a través de publicaciones orgánicas que tienen más probabilidades de captar la atención que los anuncios tradicionales.
2. **Credibilidad y Confianza:** Los influencers ya tienen una relación de confianza establecida con su audiencia. Una recomendación de ellos puede tener más peso que la publicidad directa, ya que se percibe como más genuina.
3. **Segmentación de Audiencia Precisa:** Al trabajar con influencers de nicho, puedes llegar a audiencias específicas que están interesadas en tu producto o servicio, lo cual aumenta las probabilidades de conversión.
4. **Generación de Contenidos Auténticos:** Los influencers son expertos en crear contenido atractivo para sus seguidores. Las colaboraciones pueden resultar

en contenido creativo que conecta de forma auténtica con la audiencia y que luego puede ser reutilizado en otras estrategias de marketing de la marca.

¿Cómo Crear una Estrategia de Marketing de Influencers?

1. **Define tus Objetivos y KPIs:** Antes de iniciar una colaboración, es importante definir claramente tus objetivos. ¿Quieres aumentar la visibilidad de tu marca? ¿Mejorar la percepción de tu producto? ¿Generar ventas? Establecer KPIs como el alcance, las interacciones y las ventas ayudará a medir el éxito de la campaña.

2. **Identifica a los Influencers Adecuados:** Encuentra influencers que compartan los valores de tu marca y tengan una audiencia que pueda interesarse en tus productos. Herramientas como **BuzzSumo, Upfluence** y **HypeAuditor** pueden ayudarte a encontrar influencers que encajen con tu perfil ideal.

3. **Evalúa la Autenticidad y el Engagement:** Más que el número de seguidores, el nivel de engagement (interacciones) de un influencer es un buen indicador de la calidad de su relación con la audiencia. Busca influencers cuyas publicaciones generen comentarios, likes y sobre todo, respuestas que muestren una conexión genuina con sus seguidores.

4. **Elige el Tipo de Colaboración:** Existen varias formas de trabajar con influencers. Algunos de los formatos más comunes incluyen:
   o **Reseñas de productos:** El influencer prueba y recomienda el producto, compartiendo su experiencia con la audiencia.

o   **Sorteos y concursos:** Estos pueden generar gran visibilidad y engagement en redes sociales.

o   **Publicaciones patrocinadas:** Son publicaciones específicas y pagadas en las que el influencer menciona tu producto.

o   **Toma de control de redes sociales:** Permitir al influencer manejar temporalmente tu cuenta de redes sociales puede ser una forma creativa de atraer su audiencia.

5. **Define Expectativas Claras y Proporciona Libertad Creativa:** Es importante definir los objetivos y lineamientos de la campaña, pero también dejar que el influencer tenga libertad creativa para conectar con su audiencia de forma natural. Esto mejora la autenticidad de la campaña y evita que se perciba como publicidad invasiva.

Métricas Clave para Medir el Éxito del Marketing de Influencers

1. **Alcance:** La cantidad de personas que han visto la publicación del influencer.
2. **Engagement (Interacción):** Número de likes, comentarios y compartidos que generó la publicación.
3. **Clics en el Enlace:** Si se proporcionó un enlace de afiliado o de rastreo, los clics pueden indicar interés en el producto.
4. **Conversiones:** El número de ventas, registros o acciones específicas que generó la campaña. Utilizar códigos de descuento exclusivos o enlaces de seguimiento puede ayudar a medir con precisión las conversiones.

5. **ROI (Retorno de Inversión):** El cálculo de ingresos generados comparado con el costo de la colaboración.

Recomendaciones para Nuevos Emprendedores en Marketing de Influencers
Para los emprendedores que desean incorporar el marketing de influencers en su estrategia, es importante comenzar de forma gradual. Al asociarse primero con micro o nano-influencers, puedes lograr colaboraciones más económicas y específicas, observando el impacto en tu negocio antes de avanzar hacia campañas más amplias. Algunas recomendaciones clave incluyen:

- **Establece relaciones a largo plazo con influencers clave:** Las relaciones continuas generan una mayor conexión con la audiencia, ya que ven que el influencer realmente utiliza y confía en tus productos.
- **Utiliza el marketing de afiliados para compensar a los influencers:** Ofrecer un esquema de comisiones basado en ventas puede motivar a los influencers a generar contenido de alta calidad.
- **Aprovecha las métricas de cada colaboración para optimizar futuras campañas:** Aprende de cada experiencia, midiendo resultados y ajustando el perfil de los influencers y el tipo de colaboración para futuras campañas.

Ejemplos de Éxito del Marketing de Influencers en el Modelo de Ventas Tradicional
Muchas empresas que se iniciaron con un modelo de ventas tradicional han encontrado en el marketing de influencers una vía para expandir su presencia en el ecosistema

digital. Al establecer colaboraciones con influencers, estas empresas han podido:

- Ampliar su mercado de forma rápida y efectiva.
- Reforzar su credibilidad al asociarse con figuras de autoridad en su sector.
- Mejorar el conocimiento de la marca entre públicos jóvenes y en crecimiento.

Capítulo 23: Marketing UGC – El Poder del Contenido Generado por los Usuarios

El marketing UGC, o **User-Generated Content**, se ha convertido en una estrategia fundamental en el panorama digital actual. A medida que los consumidores se vuelven más escépticos ante la publicidad tradicional, el contenido generado por los usuarios ofrece una forma auténtica de conectar con las audiencias. En este capítulo, exploraremos qué es el UGC, sus beneficios y cómo implementarlo efectivamente en tu estrategia de marketing.

1. ¿Qué es el Marketing UGC?

El contenido generado por los usuarios se refiere a cualquier forma de contenido, como texto, videos, imágenes y reseñas, creado por los consumidores en lugar de las marcas. Este tipo de contenido no solo es valioso para las empresas, sino que también proporciona una visión auténtica y honesta de cómo los clientes experimentan un producto o servicio.

Ejemplo: Imagina un cliente que compra una chaqueta y luego publica una foto usándola en Instagram, etiquetando a la marca. Esta imagen puede servir como un poderoso testimonio visual que influye en otros consumidores.

2. Beneficios del Marketing UGC

El marketing UGC ofrece varios beneficios significativos:

- **Autenticidad**: El contenido generado por los usuarios es percibido como más auténtico y confiable en comparación con la publicidad tradicional. Los consumidores son más propensos a confiar en las experiencias de otros usuarios que en los mensajes de marketing de las marcas.

- **Incremento del Engagement**: Al fomentar la creación de contenido por parte de los usuarios, las marcas pueden aumentar el compromiso y la interacción en sus plataformas. Las campañas de UGC a menudo generan más participación que el contenido creado exclusivamente por la marca.
- **Ahorro de Costos**: Las marcas pueden ahorrar recursos en la creación de contenido al aprovechar las contribuciones de sus usuarios. Esto no solo reduce costos, sino que también diversifica el contenido disponible.
- **Construcción de Comunidad**: Alentar a los clientes a compartir su contenido crea un sentido de comunidad y pertenencia en torno a la marca. Esto puede llevar a la lealtad del cliente y a la defensa de la marca.

3. Estrategias para Implementar Marketing UGC
Para aprovechar al máximo el marketing UGC, considera las siguientes estrategias:

1. **Fomenta la Participación**: Crea campañas que incentiven a los usuarios a generar contenido. Esto puede incluir concursos, sorteos o desafíos que animen a los clientes a compartir sus experiencias.
2. **Utiliza Hashtags**: Implementa hashtags específicos para tus campañas de UGC. Esto facilita que los usuarios compartan su contenido y que tu marca lo encuentre. Además, ayuda a crear una conversación en torno a tu marca.

3. **Destaca el Contenido de los Usuarios**: Comparte y resalta el contenido generado por los usuarios en tus propias plataformas. Esto no solo reconoce a los creadores, sino que también muestra a otros consumidores cómo interactúan con tu marca.
4. **Recopila Reseñas y Testimonios**: Anima a los clientes a dejar reseñas y testimonios sobre sus experiencias. Publicar estas reseñas en tu sitio web y redes sociales puede aumentar la confianza de los nuevos compradores.
5. **Colabora con Influencers**: Trabajar con influencers que se alineen con tu marca puede ayudar a amplificar el UGC. Cuando los seguidores ven a sus influenciadores favoritos usar tu producto, es más probable que generen su propio contenido.

4. Medición del Éxito del UGC

Para evaluar la efectividad de tus esfuerzos de marketing UGC, es crucial establecer métricas claras. Algunas de las métricas a considerar incluyen:

- **Engagement**: Mide la interacción (likes, comentarios y compartidos) en el contenido generado por los usuarios.
- **Tráfico**: Analiza si las campañas de UGC están generando más tráfico a tu sitio web.
- **Conversión**: Evalúa si hay un aumento en las ventas atribuible a las campañas de UGC.
- **Sentimiento de Marca**: Utiliza herramientas de análisis para medir el sentimiento en torno a tu marca a través del contenido generado por los usuarios.

Capítulo 24: SEO y SEM – Maximiza tu Visibilidad en el Mundo Digital

En el vasto ecosistema digital, lograr visibilidad para tu marca o negocio es esencial para atraer tráfico y potenciales clientes. SEO (Search Engine Optimization) y SEM (Search Engine Marketing) son dos estrategias clave en este camino. Si bien tienen enfoques y métodos diferentes, ambas están diseñadas para mejorar tu presencia en los motores de búsqueda y conectarte con tu audiencia de manera efectiva.

¿Qué es SEO?

SEO es el proceso de optimizar tu sitio web para mejorar su posicionamiento en los resultados orgánicos de los motores de búsqueda como Google. Este posicionamiento orgánico es gratuito y se obtiene con un trabajo constante en las páginas, el contenido y la estructura de tu sitio.

El SEO se divide en varias áreas principales:

1. **SEO On-Page:** Incluye optimizar los elementos internos de tu sitio, como las palabras clave en el contenido, los encabezados, las metaetiquetas, las imágenes, la estructura de URLs y la optimización de la experiencia del usuario.
2. **SEO Técnico:** Aborda aspectos como la velocidad de carga, la seguridad del sitio (como tener un certificado SSL), la estructura de las URLs y la adaptabilidad a dispositivos móviles. Un sitio bien optimizado técnicamente no solo carga rápido, sino que también facilita que los motores de búsqueda lo rastreen e indexen.

3. **SEO Off-Page:** Consiste en estrategias externas para mejorar la autoridad de tu página, especialmente mediante la generación de enlaces de calidad que apunten a tu sitio. Las redes sociales, las colaboraciones y la creación de contenido relevante son componentes clave de esta área.

4. **SEO Local:** Ayuda a las empresas a captar clientes en ubicaciones específicas, optimizando la presencia de la marca en áreas geográficas y servicios específicos. Herramientas como Google My Business son esenciales para el SEO local.

Beneficios del SEO para los Negocios

1. **Aumento del Tráfico Orgánico:** SEO ayuda a atraer visitantes sin necesidad de pagar por cada clic. Al optimizar tu sitio, puedes atraer un flujo constante de tráfico de calidad.

2. **Mayor Credibilidad y Confianza:** Los usuarios tienden a confiar en los primeros resultados de búsqueda, lo que significa que estar en la primera página aumenta la confianza y percepción de autoridad de tu negocio.

3. **Mejor Experiencia de Usuario:** Los requisitos de SEO a menudo coinciden con las mejores prácticas de diseño y usabilidad web, lo que puede mejorar la experiencia del usuario en tu sitio.

4. **Sostenibilidad:** Aunque el SEO toma tiempo, sus efectos son duraderos. Una vez que logras posicionar una página, puede permanecer en una buena posición durante un tiempo prolongado sin la necesidad de inversión constante.

¿Qué es SEM?

SEM se refiere a la estrategia de marketing en motores de búsqueda mediante la publicidad de pago, generalmente a través de Google Ads. En SEM, los anunciantes pujan por palabras clave específicas para mostrar sus anuncios en los primeros resultados de búsqueda.

Algunos elementos principales del SEM son:

1. **Anuncios de Pago por Clic (PPC):** El PPC es el método principal en SEM. Los anunciantes solo pagan cuando un usuario hace clic en el anuncio y el costo varía según la competitividad de las palabras clave.
2. **Análisis de Palabras Clave:** Para una campaña efectiva, es crucial investigar y seleccionar palabras clave relevantes y rentables. Google Ads proporciona herramientas para evaluar el volumen de búsqueda y la competencia de cada palabra clave.
3. **Segmentación Precisa:** SEM permite segmentar los anuncios en función de la ubicación geográfica, el idioma, el dispositivo y hasta el horario, lo que permite llegar a la audiencia adecuada en el momento perfecto.
4. **Landing Pages Optimizadas:** Al dirigir el tráfico a páginas de destino específicas (landing pages), las campañas de SEM tienen un mayor potencial de conversión. Estas páginas deben estar optimizadas para la conversión y alinearse con la intención de búsqueda del usuario.

Ventajas del SEM para los Negocios

1. **Resultados Inmediatos:** A diferencia del SEO, SEM puede generar tráfico a tu sitio de manera inmediata, lo

que lo convierte en una buena opción para lanzamientos, promociones o necesidades de ventas rápidas.

2. **Control de Presupuesto y ROI:** Puedes establecer un presupuesto diario y modificarlo en función de los resultados. Además, es fácil medir el retorno de inversión (ROI) en cada campaña de SEM, lo que permite optimizar las campañas constantemente.

3. **Mayor Visibilidad para Nuevas Marcas:** Para los negocios que recién comienzan, el SEM es una forma efectiva de ganar visibilidad sin tener que esperar los resultados a largo plazo del SEO.

4. **Análisis de Competencia:** Las herramientas de SEM permiten analizar las campañas de la competencia, lo que te da una idea de las palabras clave que están usando, sus estrategias y el rendimiento de sus anuncios.

SEO vs. SEM: ¿Cuál Estrategia es Mejor para tu Negocio?

- **SEO** es ideal para empresas que buscan construir una presencia digital duradera y sostenible. Su mayor desafío es el tiempo que puede tomar ver resultados, pero los beneficios son duraderos y no se necesita pagar por cada visita.

- **SEM** es la opción ideal cuando se buscan resultados inmediatos y se cuenta con un presupuesto para publicidad. Es ideal para lanzar campañas promocionales, introducir productos al mercado y generar ventas de manera rápida.

La combinación de ambas estrategias puede ser muy efectiva: el SEO trabaja para construir una base sólida y orgánica a largo plazo, mientras que el SEM se puede utilizar para impulsar el tráfico rápidamente en momentos clave.

Recomendaciones para Nuevos Emprendedores en SEO y SEM

Para los emprendedores que desean implementar SEO y SEM en su estrategia de marketing digital, aquí hay algunas recomendaciones:

1. **Invierte en SEO desde el inicio:** Si bien los resultados pueden ser lentos, los efectos del SEO son duraderos. Considera que los motores de búsqueda priorizan contenido de calidad y relevante para el usuario.
2. **Usa SEM para campañas temporales y promociones:** El SEM es ideal para campañas puntuales, eventos y para atraer tráfico cuando el negocio necesita visibilidad inmediata. Aprovecha las herramientas de Google Ads para optimizar las campañas en tiempo real.
3. **Evalúa y ajusta constantemente:** Tanto en SEO como en SEM, el análisis continuo es clave. Utiliza herramientas como **Google Analytics**, **Google Search Console** y **Google Ads** para monitorear y mejorar el rendimiento de tus campañas.
4. **Enfócate en la experiencia del usuario:** Tanto el SEO como el SEM se benefician de una buena experiencia de usuario. La velocidad de carga, la adaptabilidad a dispositivos móviles y la claridad de las páginas de destino son fundamentales para el éxito de ambas estrategias.

SEO y SEM en el Centro del Ecosistema Digital

Para las empresas que desean prosperar en el ecosistema digital, SEO y SEM representan el centro de sus estrategias de visibilidad. Ambos son cruciales para atraer tráfico, mejorar la visibilidad de la marca y maximizar el retorno de inversión. Por lo tanto, invertir tiempo y recursos en estas estrategias no solo es beneficioso, sino necesario para lograr una posición sólida en el mercado digital.

Estas estrategias, combinadas con otras tácticas de marketing digital como el email marketing y el marketing de influencers, crean una red integral que puede llevar tu negocio al siguiente nivel.

Capítulo 25: Social Media – La Conexión Humana en el Ecosistema Digital

En la actualidad, las redes sociales son un componente fundamental del ecosistema digital. Actúan como un puente que conecta a las marcas con su audiencia de manera directa y personal. En este capítulo, exploraremos la importancia de las redes sociales en la estrategia de marketing de cualquier empresa, así como las mejores prácticas para aprovechar su potencial.

La Revolución de las Redes Sociales

Las redes sociales han transformado la forma en que las empresas se comunican con sus clientes. Antes, las marcas dependían principalmente de la publicidad tradicional para llegar a su audiencia. Sin embargo, con la llegada de plataformas como Facebook, Instagram, Twitter y LinkedIn, las empresas ahora pueden interactuar con sus clientes de manera más auténtica y bidireccional.

Estas plataformas no solo permiten a las marcas promocionar sus productos o servicios, sino que también crean un espacio para la conversación y el feedback instantáneo. Esta interacción es crucial para construir relaciones sólidas y leales con los clientes.

Beneficios de las Redes Sociales en el Marketing

1. **Aumento de la Visibilidad de la Marca**: Las redes sociales permiten que las marcas lleguen a una audiencia más amplia y diversa. Compartir contenido

atractivo y relevante puede aumentar la visibilidad de la marca y atraer nuevos seguidores.

2. **Construcción de la Comunidad**: Las redes sociales facilitan la creación de una comunidad en torno a tu marca. Al interactuar con tus seguidores, puedes fomentar un sentido de pertenencia y lealtad hacia tu empresa.

3. **Feedback en Tiempo Real**: Las redes sociales ofrecen la oportunidad de recibir comentarios y sugerencias de los clientes casi al instante. Este feedback es invaluable para mejorar productos y servicios, así como para ajustar estrategias de marketing.

4. **Segmentación Avanzada**: Las plataformas sociales ofrecen opciones de segmentación de audiencia muy detalladas, lo que permite a las marcas dirigir sus anuncios a grupos específicos según sus intereses, comportamientos y ubicación.

5. **Generación de Tráfico**: Publicar contenido en redes sociales puede dirigir tráfico hacia tu sitio web o tienda en línea. Cada enlace compartido es una oportunidad para que los usuarios descubran más sobre tu marca.

Estrategias para un Uso Efectivo de las Redes Sociales
Para aprovechar al máximo las redes sociales, es importante implementar estrategias bien definidas. A continuación, se presentan algunas recomendaciones:

1. **Define Tu Público Objetivo**: Conocer a tu audiencia es clave para crear contenido que resuene con ellos. Investiga sus intereses, comportamientos y preferencias para ajustar tu estrategia de contenido.

2. **Crea Contenido Atractivo y Relevante**: Publica contenido que sea visualmente atractivo y que aporte

valor a tus seguidores. Esto puede incluir artículos, infografías, videos y publicaciones interactivas.

3. **Mantén la Coherencia en la Marca**: Asegúrate de que tu identidad visual y el tono de voz de tu marca sean consistentes en todas las plataformas sociales. Esto refuerza el reconocimiento de la marca y crea una experiencia coherente para el usuario.

4. **Interactúa con Tu Audiencia**: Responde a los comentarios, mensajes y menciones de tus seguidores. La interacción activa construye relaciones más fuertes y muestra que valoras la opinión de tus clientes.

5. **Utiliza Publicidad en Redes Sociales**: Considera invertir en publicidad pagada para aumentar el alcance de tus publicaciones. Las campañas de anuncios pueden ser altamente efectivas para promocionar productos y captar nuevos clientes.

6. **Analiza y Ajusta**: Utiliza herramientas de análisis para medir el rendimiento de tus publicaciones y campañas. Presta atención a qué tipo de contenido genera más interacción y ajusta tu estrategia en consecuencia.

La Integración de las Redes Sociales en el Ecosistema Digital
Las redes sociales no funcionan de manera aislada; son un componente esencial del ecosistema digital. Al integrarlas con otras estrategias de marketing, como el email marketing, el SEO y el comercio electrónico, puedes crear un flujo de trabajo que maximice el impacto de tus esfuerzos.

Por ejemplo, puedes utilizar las redes sociales para dirigir tráfico a tu blog o sitio de comercio electrónico, al mismo tiempo que ofreces promociones exclusivas a tus seguidores. Esta sinergia entre canales no solo incrementa la visibilidad, sino que también mejora la experiencia del cliente al interactuar con tu marca en múltiples plataformas.

Capítulo 26: Inbound Marketing y Endomarketing: Estrategias para Atraer y Retener

En la era digital, el éxito en ventas depende no solo de atraer clientes, sino también de crear relaciones duraderas y mejorar la experiencia interna de los colaboradores. Aquí es donde entran en juego el **Inbound Marketing** y el **Endomarketing**, dos estrategias complementarias que se enfocan en construir una relación sólida y auténtica con los clientes externos e internos.

Para los emprendedores y empresas que desean maximizar el impacto de sus esfuerzos de ventas y fomentar una cultura de trabajo motivada y alineada, entender y aplicar estos conceptos puede marcar una gran diferencia.

Inbound Marketing: Atraer, Convertir y Fidelizar

El **Inbound Marketing** es una metodología centrada en atraer clientes ofreciéndoles contenido valioso y relevante en lugar de bombardearlos con publicidad intrusiva. Esta estrategia se fundamenta en el principio de atraer al cliente hacia la marca, en lugar de ir tras él. En lugar de enfocarse solo en la venta, el Inbound Marketing acompaña al cliente en su viaje de compra, desde el primer contacto hasta la fidelización.

Los pilares del Inbound Marketing son:

1. **Atraer con Contenido de Valor:** La primera etapa consiste en atraer a los potenciales clientes con contenido útil y relevante. Esto puede incluir blogs, guías, videos, eBooks o publicaciones en redes sociales que aborden temas de interés para el público objetivo.

Por ejemplo, una tienda de tecnología podría crear artículos sobre "Las Mejores Gadgets para el Teletrabajo" o "Guía para Elegir un Buen Auricular TWS", generando tráfico hacia su sitio.

2. **Convertir a través de la Interacción:** Una vez que el cliente ha llegado a tu sitio, es fundamental convertir ese interés en una oportunidad de venta. Aquí entran en juego estrategias como las **landing pages** o páginas de aterrizaje, formularios de suscripción y llamadas a la acción (CTA) para incentivar al visitante a dejar sus datos o realizar una pequeña acción que le acerque a la compra.

3. **Cerrar la Venta y Retener al Cliente:** Con los datos de los clientes potenciales, se puede diseñar una estrategia de marketing personalizada, usando herramientas como el **email marketing** y los **anuncios segmentados** para guiar al cliente hacia la compra. Después de que el cliente realiza su compra, el trabajo no termina; se deben realizar esfuerzos para **fidelizarlo** a través de programas de lealtad, encuestas de satisfacción y contenidos exclusivos que sigan aportando valor.

4. **Analizar y Mejorar:** Una de las ventajas del Inbound Marketing es que todas las interacciones son medibles. Usando herramientas de análisis (como Google Analytics o el CRM de la empresa), se pueden observar métricas clave, comprender el comportamiento del cliente y ajustar las estrategias para optimizar el rendimiento de la campaña.

Endomarketing: La Fuerza Interna que Sostiene la Marca

Mientras que el Inbound Marketing se centra en atraer y retener clientes externos, el **Endomarketing** se enfoca en el cliente interno: los empleados y colaboradores de la empresa. Esta estrategia, también conocida como marketing interno, busca crear un ambiente de trabajo motivador y alineado con la misión de la empresa, entendiendo que el éxito en ventas y satisfacción del cliente depende, en gran medida, de un equipo comprometido y satisfecho.

El Endomarketing promueve una cultura donde los colaboradores se sienten valorados, motivados y comprometidos, lo que, a su vez, se refleja en una mejor experiencia para el cliente. Algunas estrategias claves para implementar el Endomarketing incluyen:

1. **Comunicación Transparente y Asertiva:** La comunicación interna es vital para mantener a los colaboradores informados y motivados. Compartir los logros de la empresa, los objetivos futuros, así como los desafíos ayuda a crear un ambiente de transparencia y confianza.
2. **Capacitación y Crecimiento Profesional:** Invertir en el crecimiento profesional de los colaboradores es esencial. Esto puede incluir talleres, capacitaciones y cursos de desarrollo de habilidades relacionadas con su trabajo, lo que aumenta no solo su competencia, sino también su satisfacción laboral.
3. **Reconocimiento y Recompensa:** Un reconocimiento oportuno puede ser una motivación poderosa. Ya sea a través de incentivos económicos, premios, o simplemente agradecimientos públicos, reconocer el esfuerzo y logros individuales y grupales hace que el

equipo se sienta valorado y parte fundamental del éxito de la empresa.

4. **Fomentar un Propósito Compartido:** Para que el equipo esté alineado, es crucial que todos comprendan y compartan el propósito de la empresa. Incluirlos en el desarrollo de la misión, visión y valores de la empresa y hacer que formen parte de la ejecución de la estrategia ayuda a que cada uno sienta que su trabajo tiene un sentido mayor y que su aporte es valioso para el crecimiento de la organización.

El Inbound Marketing y el Endomarketing como Ejes del Crecimiento

Estas dos estrategias son complementarias y fundamentales para el crecimiento y sostenibilidad de cualquier empresa, especialmente en el contexto digital actual. Un equipo comprometido y bien preparado se convierte en el mejor embajador de la marca, proporcionando una experiencia de cliente única y de calidad. A su vez, una estrategia de Inbound Marketing bien ejecutada atraerá a clientes ideales, creando una base de consumidores leales que volverán a la marca y la recomendarán.

Para los nuevos emprendedores, es fundamental entender que el éxito no solo depende de captar clientes, sino también de mantener un equipo comprometido y motivado que respalde los valores de la marca y la estrategia de crecimiento.

Capítulo 27: Cómo Implementar una Estrategia de Pauta Digital

La implementación de una estrategia de pauta digital efectiva es fundamental para cualquier negocio que busque maximizar su visibilidad y alcanzar a su público objetivo en el vasto entorno online. A continuación, detallaremos los pasos clave para diseñar e implementar una estrategia de pauta digital exitosa.

1. Definir Objetivos Claros

El primer paso en la implementación de una estrategia de pauta digital es establecer **objetivos claros y medibles**. Estos objetivos servirán como base para todo el proceso de planificación y ejecución. Algunos ejemplos de objetivos incluyen:

- Aumentar la conciencia de marca.
- Generar leads calificados.
- Incrementar las ventas de un producto específico.
- Aumentar la interacción en redes sociales.
- Promover un evento o lanzamiento de producto.

Establecer objetivos SMART (Específicos, Medibles, Alcanzables, Relevantes y Temporales) ayudará a enfocar tus esfuerzos y a medir el éxito de la campaña.

2. Conocer a tu Audiencia

La segmentación efectiva de tu audiencia es crucial para el éxito de cualquier estrategia de pauta digital. Realiza un análisis detallado para **conocer a tu público objetivo,** incluyendo:

- **Demografía:** Edad, género, ubicación, ingresos.
- **Intereses:** Temas y actividades que les apasionan.
- **Comportamiento:** Cómo interactúan con tu marca y otros competidores.
- **Psicográficos:** Problemas, objeciones, sueños, deseos, etc.

Utiliza herramientas de análisis de audiencia y encuestas para obtener información valiosa. Cuanto mejor comprendas a tu audiencia, más efectivo será tu contenido y tus anuncios.

3. Seleccionar las Plataformas Adecuadas

No todas las plataformas digitales son adecuadas para todos los negocios. **Selecciona las plataformas que mejor se alineen con tu audiencia y tus objetivos.** Algunas de las opciones más populares incluyen:

- **Redes Sociales:** Facebook, Instagram, LinkedIn y Twitter son excelentes para campañas de brand awareness y engagement.
- **Google Ads:** Ideal para SEM y para captar usuarios que ya están buscando productos o servicios similares.
- **YouTube:** Efectivo para publicidad en video y para captar la atención de una audiencia más amplia.

Cada plataforma tiene sus características y ventajas, por lo que es fundamental elegir las que se adapten mejor a tu estrategia.

4. Crear Contenido Atractivo

El contenido es el rey en cualquier estrategia de marketing digital. Diseña anuncios que sean **visualmente atractivos y que comuniquen tu mensaje de manera clara y efectiva**. Algunos consejos para crear contenido atractivo son:

- **Usar Imágenes de Alta Calidad**: Las imágenes impactantes capturan la atención del usuario.
- **Incluir un Llamado a la Acción (CTA)**: Motiva a los usuarios a realizar la acción deseada (comprar, registrarse, etc.).
- **Personalizar el Mensaje**: Adapta el contenido a las necesidades y deseos de tu audiencia.

Recuerda que el tono y estilo de tu contenido deben ser coherentes con la identidad de tu marca.

5. Establecer un Presupuesto y Ofertas

Define un **presupuesto adecuado** para tu campaña de pauta digital. Establece cuánto estás dispuesto a gastar y asigna recursos a las diferentes plataformas. Puedes optar por:

- **Pagar por clic (CPC)**: Solo pagas cuando un usuario hace clic en tu anuncio.
- **Costo por mil impresiones (CPM)**: Pagas por cada mil veces que se muestra tu anuncio.

Monitorea el gasto y ajusta según el rendimiento de tus anuncios para asegurar que se mantenga dentro de los límites de tu presupuesto.

6. Monitorear y Ajustar la Estrategia

Una vez que tu campaña esté activa, es vital **monitorear su rendimiento**. Utiliza herramientas de análisis disponibles en las plataformas publicitarias para rastrear métricas clave, como:

- Tasa de clics (CTR).
- Conversiones.
- Costo por conversión.
- Interacciones en redes sociales.

Evalúa regularmente los resultados y realiza ajustes en tu estrategia según sea necesario. Si un anuncio no está funcionando, no dudes en modificarlo o probar nuevas variaciones.

7. Aprender y Mejorar Continuamente

Finalmente, adopta un enfoque de **optimización continua**. Cada campaña te brinda la oportunidad de aprender algo nuevo sobre tu audiencia y el funcionamiento de tus anuncios. Al final de cada campaña, realiza un análisis de lo que funcionó y lo que no y aplica esos aprendizajes a futuras estrategias.

Ganchos Publicitarios (Hooks)

En un mercado saturado de información y opciones, los **ganchos publicitarios** son herramientas esenciales para captar la atención del consumidor y diferenciarnos de la competencia. Un gancho efectivo puede ser la clave para que un mensaje se destaque, genere interés y lleve a la acción deseada, ya sea una compra, una suscripción o la interacción con una marca.

1. ¿Qué es un Gancho Publicitario?

Un gancho publicitario es una frase, imagen, idea o concepto que se utiliza en la publicidad para atraer la atención del público. Su función principal es despertar curiosidad y hacer que el consumidor quiera saber más sobre lo que se está ofreciendo. Los ganchos pueden variar desde afirmaciones impactantes, preguntas intrigantes, hasta visuales llamativos.

2. Tipos de Ganchos Publicitarios

- **Ganchos Emocionales**: Apelan a los sentimientos del consumidor. Por ejemplo, una campaña que resalte la conexión emocional de una familia puede resonar más que un simple anuncio de un producto.
- **Ganchos de Curiosidad**: Utilizan el misterio para atraer la atención. Un ejemplo podría ser un anuncio que dice "Descubre el secreto detrás de [producto]" para incentivar la exploración.
- **Ganchos de Urgencia**: Generan un sentido de inmediatez, como "¡Solo por hoy!" o "Últimas unidades disponibles", motivando a los consumidores a actuar rápidamente.
- **Ganchos de Exclusividad**: Hacen sentir al consumidor que está accediendo a algo único o limitado. Frases como "Oferta solo para miembros" pueden crear un sentido de pertenencia.

3. La Importancia de los Ganchos en la Estrategia de Marketing

Los ganchos son vitales porque:

- **Aumentan la Tasa de Conversión**: Un buen gancho puede transformar la curiosidad en acción, llevando a un mayor número de conversiones.

- **Mejoran el Reconocimiento de Marca**: Ganchos memorables pueden hacer que una marca sea recordada más fácilmente, fomentando el boca a boca y el reconocimiento a largo plazo.
- **Facilitan la Diferenciación**: En un mercado competitivo, un gancho único puede ser lo que haga que una empresa destaque entre sus competidores.

4. Creando Ganchos Efectivos

Para desarrollar ganchos publicitarios que realmente funcionen, se deben considerar varios elementos:

- **Conocer a tu Público Objetivo**: Entender las necesidades, deseos y miedos de tu audiencia es fundamental para crear ganchos que resuenen con ellos.
- **Ser Auténtico**: La honestidad y la transparencia generan confianza. Los consumidores valoran las marcas que se muestran auténticas en su comunicación.
- **Probar y Optimizar**: No todos los ganchos funcionarán a la primera. Es esencial realizar pruebas A/B y ajustar según los resultados para encontrar los más efectivos.

5. Ejemplos de Ganchos Exitosos

A lo largo de la historia del marketing, algunas campañas han destacado por sus ganchos creativos y efectivos. Marcas como Apple, Nike y Coca-Cola han utilizado ganchos que no solo atraen la atención, sino que también cuentan una historia que resuena con su audiencia.

Es fundamental entender los diferentes tipos de campañas que pueden formar parte de una estrategia digital efectiva. Cada tipo de campaña tiene un propósito específico y puede ser utilizado en diferentes etapas del embudo de ventas.

1. **Campañas de Expectativa**: Estas campañas se utilizan para generar anticipación y emoción antes del lanzamiento de un producto o servicio. Pueden incluir teasers en redes sociales, correos electrónicos intrigantes y anuncios que revelan poco a poco información sobre lo que está por venir. El objetivo es captar la atención del público y crear una conversación en torno al lanzamiento, aumentando el interés y la curiosidad.

2. **Campañas de Lanzamiento**: Una vez que ha generado expectativa, las campañas de lanzamiento se centran en presentar oficialmente el producto o servicio al mercado. Estas campañas pueden incluir promociones especiales, demostraciones en vivo, y colaboraciones con influencers para maximizar el alcance. La comunicación debe ser clara y convincente, destacando los beneficios y características únicas del nuevo producto.

3. **Campañas de Retargeting**: Una vez que los consumidores han interactuado con su marca, las campañas de retargeting son cruciales para volver a captar su atención. Utilizan datos de navegación y comportamiento para mostrar anuncios personalizados a aquellos que han visitado su sitio web o interactuado con su contenido. Esta estrategia ayuda a mantener la marca en la mente de los consumidores y a incentivarlos a finalizar la compra.

4. **Campañas de Fidelización**: Una vez que se ha conseguido la conversión, las campañas de fidelización buscan mantener a los clientes comprometidos y motivados a repetir compras. Estas pueden incluir descuentos exclusivos, programas de recompensas y contenido personalizado que resuene con sus intereses. El enfoque aquí es construir una relación a largo plazo

con los clientes y convertirlos en defensores de la marca.

5. **Campañas de Análisis y Aprendizaje**: Por último, es fundamental implementar campañas que permitan el análisis y la evaluación continua de los resultados. Utilizando herramientas de analítica digital, las empresas pueden medir el rendimiento de cada tipo de campaña, identificar áreas de mejora y ajustar sus estrategias en tiempo real para maximizar el retorno de inversión.

Integrar estos tipos de campañas permite a las empresas atraer, convertir y construir relaciones duraderas, creando un ecosistema digital que impulsa el crecimiento sostenible.

En el corazón de una estrategia de pauta digital exitosa reside una colaboración cercana entre los equipos de mercadeo y finanzas. Esta sinergia es crucial para garantizar que las decisiones sobre inversiones en publicidad estén respaldadas por datos concretos y métricas claras. Un entendimiento profundo del inventario y las proyecciones financieras permite al equipo de mercadeo diseñar campañas alineadas con la capacidad de la empresa para satisfacer la demanda. Sin este enfoque colaborativo, se corre el riesgo de incurrir en gastos innecesarios o, peor aún, de comprometer la calidad del servicio al cliente.

La interacción entre estos equipos también permite establecer cifras realistas y alcanzables, creando un marco de trabajo que facilita la medición de resultados. Al comprender el impacto que cada campaña puede tener en la rentabilidad, se pueden hacer ajustes informados en tiempo real, optimizando el rendimiento de las inversiones en publicidad. De esta manera, no solo se mejora la eficiencia operativa, sino que se construye una cultura organizacional basada en la transparencia y la comunicación.

Además, esta alianza estratégica promueve una mentalidad proactiva hacia la innovación. Al estar en sintonía con las realidades financieras, el equipo de mercadeo puede experimentar con nuevas tácticas y plataformas sin perder de vista la sostenibilidad del negocio. En última instancia, el éxito de la estrategia de pauta digital no solo depende de la creatividad y la ejecución, sino también de una visión compartida que integra el conocimiento de los números con la pasión por conectar con el público.

Capítulo 28: Remarketing – Reencendiendo el Interés del Cliente

El **remarketing** es una estrategia fundamental en el mundo del marketing digital que permite a las empresas volver a captar la atención de usuarios que ya han mostrado interés en sus productos o servicios. En este capítulo, exploraremos qué es el remarketing, cómo funciona, sus beneficios y las mejores prácticas para implementarlo de manera efectiva.

1. ¿Qué es el Remarketing?

El remarketing, también conocido como **retargeting**, se refiere a la práctica de volver a dirigir anuncios a usuarios que han interactuado previamente con tu sitio web o aplicación. A través de cookies y otras tecnologías, las empresas pueden rastrear el comportamiento de los usuarios en línea y mostrar anuncios relevantes a aquellos que no completaron una compra o que visitaron páginas específicas.

Ejemplo: Imagina que un cliente visita tu tienda en línea y mira una chaqueta, pero no la compra. Con remarketing, puedes mostrarle anuncios de esa misma chaqueta en otras plataformas, recordándole su interés y animándole a finalizar la compra.

2. Beneficios del Remarketing

El remarketing ofrece varios beneficios clave que pueden mejorar significativamente el rendimiento de tus campañas de marketing:

- **Incremento de Conversión**: Al dirigirse a usuarios que ya han mostrado interés, el remarketing puede aumentar las tasas de conversión, ya que estos usuarios están más predispuestos a realizar una compra.
- **Aumento de la Reconocimiento de Marca**: El remarketing mantiene tu marca en la mente de los consumidores. Al ver tus anuncios repetidamente, los usuarios se familiarizan con tu marca, lo que puede llevar a una mayor lealtad a largo plazo.
- **Segmentación Precisa**: Permite a las empresas segmentar sus audiencias de manera más efectiva. Puedes crear listas de remarketing basadas en el comportamiento específico del usuario, como las páginas que visitaron o los productos que vieron.
- **Costos Eficientes**: El remarketing puede ser más rentable que otras formas de publicidad, ya que te diriges a personas que ya están familiarizadas con tu marca, lo que puede resultar en un mayor retorno de inversión (ROI).

3. Cómo Implementar Remarketing
Aquí tienes algunas estrategias efectivas para implementar campañas de remarketing:

1. **Define tus Audiencias**: Utiliza herramientas como Google Ads o Facebook Ads para segmentar a tus audiencias. Puedes crear listas basadas en el comportamiento del usuario, como aquellos que abandonaron el carrito de compras, visitaron una página de productos, o se registraron pero no compraron.
2. **Crea Anuncios Atractivos**: Diseña anuncios visuales y persuasivos que recuerden a los usuarios por qué estaban interesados en tus productos. Incluye imágenes

atractivas, ofertas especiales o un llamado a la acción claro.

3. **Establece una Frecuencia Razonable**: Asegúrate de que tus anuncios no saturen a los usuarios. Un exceso de anuncios puede resultar en frustración y desinterés. Ajusta la frecuencia de tus anuncios para mantener un balance adecuado.

4. **Utiliza Remarketing Dinámico**: Esta técnica muestra anuncios personalizados a los usuarios basados en los productos específicos que vieron. Esto puede aumentar la relevancia y la probabilidad de conversión.

5. **Analiza y Optimiza**: Monitorea el rendimiento de tus campañas de remarketing y realiza ajustes basados en los datos. Experimenta con diferentes creatividades y mensajes para ver qué resuena mejor con tu audiencia.

4. Ejemplos de Éxito en Remarketing

- **E-commerce**: Muchas tiendas en línea utilizan remarketing para recordar a los clientes sobre productos que han dejado en el carrito. Al enviar anuncios personalizados, han visto un aumento en las tasas de recuperación de carritos abandonados.

.

Capítulo 29: eCommerce: El Corazón del Ecosistema Digital para Empresas

La transformación digital ha marcado un punto de inflexión en el mundo de las ventas y el eCommerce ha emergido como el epicentro de esta evolución. Para muchas empresas que comenzaron con modelos de ventas tradicionales, la expansión hacia el comercio en línea ha abierto un nuevo mundo de posibilidades, permitiéndoles alcanzar audiencias globales, optimizar su operación y multiplicar sus ventas de manera significativa. Este capítulo ofrece una guía para los nuevos emprendedores que desean adentrarse en el eCommerce y resalta cómo se ha convertido en el eje del ecosistema digital para las empresas modernas.

El Potencial del eCommerce para Empresas Tradicionales

Para las empresas que históricamente han operado en modelos de ventas tradicionales, el eCommerce ofrece oportunidades sin precedentes. Antes, una tienda física limitaba su alcance geográfico; ahora, a través de una plataforma en línea, estas empresas pueden llegar a clientes de cualquier parte del mundo. Esto significa una expansión en el alcance de ventas y una mayor flexibilidad en cuanto a cómo y cuándo los clientes compran.

Numerosos negocios han logrado optimizar sus procesos y ofrecer un servicio más ágil gracias al eCommerce. Ya no dependen exclusivamente de la venta cara a cara, sino que pueden atender a sus clientes las 24 horas, adaptándose a sus tiempos y preferencias. El eCommerce se convierte, así, en un canal fundamental que amplifica el potencial de ventas de cualquier empresa, sirviendo como el eje que conecta el marketing digital, la logística, el inventario y el servicio al cliente.

Paso 1: Elección del Dominio y Hosting, la Base de Tu Presencia en Línea
Para construir una tienda virtual, el primer paso es contar con un dominio y hosting adecuados. El dominio será la dirección web de tu tienda, por lo que debe ser breve, fácil de recordar y relacionado con tu marca. Por ejemplo, si el nombre de tu empresa es "Tienda Única", un dominio ideal sería algo como "www.tiendaunica.com".

Para el **hosting**, que es el servicio de alojamiento que permite que tu tienda esté en línea, es fundamental elegir un proveedor confiable. Este hosting debe ofrecer capacidad de expansión y soporte técnico, para que la tienda crezca sin interrupciones. Algunos proveedores como Hostinger, SiteGround, Bluehost o DreamHost, están optimizados para eCommerce y ofrecen integración con plataformas de pago y soporte técnico constante.

Paso 2: Construye Tu Tienda con WordPress y WooCommerce
Para emprendedores y empresas, **WordPress** es una de las plataformas de eCommerce más populares, especialmente por su flexibilidad y facilidad de uso. Con el plugin **WooCommerce**, puedes convertir cualquier sitio de WordPress en una tienda en línea completamente funcional, ofreciendo una base sólida para añadir productos, gestionar inventarios y realizar ventas.

WooCommerce facilita la personalización y permite a los emprendedores agregar funcionalidades adicionales según sus necesidades, ya sea para ampliar las opciones de pago, integrar métodos de envío o configurar promociones especiales.

208

La clave está en su versatilidad, que permite a empresas de todos los tamaños crear una tienda profesional sin necesidad de desarrolladores complejos o altos costos de infraestructura.

Paso 3: Crear una Identidad Visual Coherente y Atractiva

Tu tienda en línea es la cara de tu marca en el mundo digital, por lo que es esencial construir una **identidad visual consistente** que atraiga y fidelice a los clientes. Elige un tema adecuado para eCommerce que sea visualmente atractivo y asegúrate de que sea compatible con dispositivos móviles.

Además del diseño, define una **paleta de colores, tipografía y tono de voz** que se mantenga constante en cada aspecto de tu tienda. Esta coherencia en la identidad visual genera confianza en los clientes y refuerza el reconocimiento de la marca. En este sentido, WordPress permite personalizar cada detalle de la apariencia de la tienda, logrando una presencia visual sólida que represente el espíritu y la misión de tu negocio.

Paso 4: Configuración de Métodos de Pago y Logística

El **sistema de pago** es el núcleo de cualquier tienda en línea y WooCommerce permite integrar diversas pasarelas de pago, como PayPal, Wompi y opciones locales según tu mercado. Es importante que los métodos de pago sean seguros, fáciles de usar y accesibles para el cliente, facilitando un proceso de compra sin complicaciones.

Además, en cuanto a la **logística**, configurar los costos de envío, la gestión de pedidos y el seguimiento de entregas garantiza una experiencia satisfactoria para el cliente. Empresas de logística y envíos suelen ofrecer integraciones con WooCommerce, permitiendo a las tiendas calcular automáticamente los costos de envío y brindar un sistema de rastreo en tiempo real. Este enfoque ahorra tiempo y facilita la logística tanto para el vendedor como para el comprador.

Paso 5: Gestión de Inventarios y Optimización de Operaciones

Para que la operación de una tienda en línea sea exitosa, es crucial tener un control preciso del inventario. En eCommerce, cada producto debe tener la cantidad disponible, las especificaciones y el precio actualizados, evitando así las ventas de artículos fuera de stock y mejorando la experiencia de compra del cliente.

WordPress y WooCommerce ofrecen herramientas para la **gestión de inventarios**, permitiendo actualizaciones automáticas y notificaciones cuando el stock es bajo. Esto ayuda a optimizar la administración de productos, evita pérdidas de venta y mejora la eficiencia de la operación en general.

Paso 6: Integraciones para Marketing y Análisis

Para aumentar las ventas y atraer clientes, es esencial que la tienda virtual cuente con herramientas de marketing digital y analítica. **Plugins de SEO**, como Yoast SEO, permiten optimizar la tienda para los motores de búsqueda, ayudándote a mejorar el posicionamiento en Google. Además, puedes integrar herramientas de analítica como Google Analytics, que permiten comprender el comportamiento del cliente, identificar los productos más populares y ajustar las estrategias de ventas.

Por otro lado, el email marketing, una herramienta poderosa para retener clientes y promocionar ofertas, puede integrarse fácilmente con plataformas como Mailchimp o ActiveCampaign, permitiéndote enviar newsletters, promociones y campañas personalizadas.

eCommerce: El Centro del Ecosistema Digital para las Empresas

Para las empresas modernas, el eCommerce se ha convertido en el centro de su ecosistema digital. Es el espacio donde convergen todas las estrategias de marketing, desde las redes sociales hasta el SEO y es donde se gestionan las relaciones con el cliente, el inventario y la logística. La tienda virtual es una extensión digital de la marca, accesible las 24 horas del día, lo que ofrece una flexibilidad y alcance sin precedentes.

Las empresas tradicionales que han adoptado el eCommerce no solo han experimentado un aumento en sus ventas, sino que también han logrado un posicionamiento sólido en el mercado, aprovechando el potencial del comercio digital para conectar con sus clientes en cualquier momento y lugar. En definitiva, el eCommerce ha dejado de ser solo una opción para convertirse en el núcleo de la estrategia de crecimiento y expansión de muchas empresas.

Capítulo 30: El Poder del Diseño Audiovisual

El diseño audiovisual es una herramienta poderosa en el arsenal del marketing moderno. En un mundo donde las imágenes y los sonidos son más accesibles que nunca, las marcas que dominan este arte pueden atraer, involucrar y persuadir a su audiencia de manera efectiva. Este capítulo explorará la importancia del diseño audiovisual, sus aplicaciones en el marketing y cómo las empresas colombianas han utilizado esta herramienta para amplificar su mensaje.

1. La Importancia del Diseño Audiovisual

El diseño audiovisual combina elementos visuales y sonoros para comunicar un mensaje de manera efectiva. Esta forma de comunicación es crucial por varias razones:

1.1. Atractivo Visual y Emocional

Las personas son inherentemente visuales; los diseños atractivos pueden captar la atención rápidamente. Según estudios, el contenido visual se procesa 60,000 veces más rápido que el texto, lo que significa que las imágenes y videos pueden transmitir información más rápidamente y de manera más efectiva.

- **Impacto Emocional**: El audiovisual puede evocar emociones de manera más intensa que otros medios. Las marcas que utilizan historias visuales pueden conectar emocionalmente con su audiencia, lo que puede traducirse en lealtad y confianza.

1.2. Mejor Retención de Información

Los mensajes presentados en un formato audiovisual tienden a ser más memorables. La combinación de audio e

213

imágenes facilita la retención de información, haciendo que el mensaje sea más fácil de recordar.

2. Estrategias de Diseño Audiovisual en Marketing

2.1. Videos Promocionales
Los videos promocionales son una de las herramientas más efectivas en el marketing audiovisual. Pueden utilizarse para presentar productos, contar historias de marca o crear conciencia sobre causas sociales. Algunas estrategias incluyen:

- **Demostraciones de Producto**: Mostrar el funcionamiento y beneficios de un producto a través de un video puede aumentar la tasa de conversión. **Mercado Libre Colombia** utiliza videos para destacar productos y ayudar a los consumidores a tomar decisiones informadas.
- **Testimonios de Clientes**: Los videos que muestran la experiencia de clientes satisfechos son una forma poderosa de construir credibilidad. **Homecenter** ha implementado esta estrategia, destacando a clientes que comparten sus historias de éxito al utilizar sus productos.

2.2. Contenido en Redes Sociales
Las plataformas sociales son ideales para el contenido audiovisual debido a su naturaleza visual y su capacidad para atraer rápidamente la atención.

- **Historias y Reels**: Utilizar historias o videos cortos puede aumentar el compromiso. **Postobón** ha utilizado estas herramientas para lanzar campañas divertidas y creativas que resuenan con su público joven.
- **Transmisiones en Vivo**: Las transmisiones en vivo permiten la interacción en tiempo real. Las marcas

pueden usar esto para hacer anuncios, responder preguntas o compartir eventos en vivo, como **Falabella**, que ha realizado lanzamientos de productos en vivo, generando un sentido de urgencia y conexión.

3. Diseño Audiovisual en la Publicidad

El diseño audiovisual es esencial en la publicidad, ya que permite a las marcas comunicar su mensaje de manera impactante y efectiva.

3.1. Anuncios de Televisión

Aunque la publicidad en televisión ha evolucionado, sigue siendo una plataforma clave para el diseño audiovisual. Los anuncios bien producidos pueden dejar una impresión duradera. **Bavaria**, por ejemplo, ha creado anuncios que no solo promocionan sus cervezas, sino que cuentan historias sobre la cultura y la identidad colombiana.

3.2. Publicidad en Línea

La publicidad digital permite un enfoque más personalizado y segmentado. Los anuncios en video en plataformas como YouTube o Facebook son altamente efectivos.

- **Anuncios Interactivos**: Utilizar videos interactivos puede aumentar la participación del usuario. Las marcas pueden pedir a los espectadores que elijan cómo continuará la historia, lo que genera un sentido de participación y conexión.

215

4. Creación de Identidad de Marca a través del Diseño Audiovisual

El diseño audiovisual también juega un papel crucial en la construcción de una identidad de marca sólida. Cada elemento visual y sonoro debe reflejar los valores y la misión de la marca.

4.1. Consistencia Visual
Mantener una paleta de colores, tipografía y estilo de diseño consistentes ayuda a crear reconocimiento de marca. **Alpina** ha logrado esto al utilizar su característico verde y blanco en todos sus materiales de marketing, desde envases hasta anuncios.

4.2. Mensajes Clave
La creación de mensajes clave que se transmiten a través de contenido audiovisual ayuda a establecer la personalidad de la marca. **Juan Valdez** ha utilizado imágenes de paisajes cafeteros y el arte de los agricultores para reforzar su mensaje sobre la calidad y la tradición del café colombiano.

5. El Diseño Audiovisual en el Sector Cultural

El diseño audiovisual también es fundamental en la promoción de la cultura colombiana. Documentales, cortometrajes y producciones artísticas han utilizado esta herramienta para contar historias que destacan la riqueza cultural del país.

5.1. Cine y Documentales
Las producciones cinematográficas y documentales han utilizado el diseño audiovisual para contar historias que reflejan la identidad colombiana. Películas como **"El abrazo de la serpiente"** han llevado al cine colombiano a la escena

internacional, utilizando imágenes visualmente impactantes para contar la historia de la Amazonía.

5.2. *Festivales y Eventos Culturales*
Los festivales culturales han adoptado el diseño audiovisual para atraer a audiencias más amplias. Eventos como el **Festival Internacional de Cine de Bogotá** utilizan la proyección de cortometrajes y documentales para promover la diversidad cultural del país.

6. Futuro del Diseño Audiovisual en Colombia

El futuro del diseño audiovisual en Colombia se presenta lleno de oportunidades. Con el crecimiento de plataformas digitales y la accesibilidad de tecnologías de producción, las empresas colombianas tienen la posibilidad de explorar nuevas formas de contar sus historias.

6.1. *Innovación Tecnológica*
El uso de tecnologías emergentes, como la realidad aumentada (AR) y la realidad virtual (VR), puede transformar la forma en que las marcas interactúan con su audiencia. Estas tecnologías permiten experiencias inmersivas que pueden conectar de manera más profunda con los consumidores.

6.2. *Creación de Contenido Inclusivo*
Las marcas también están empezando a reconocer la importancia de la inclusión y la diversidad en sus contenidos. Crear audiovisuales que reflejen la riqueza cultural de Colombia puede ayudar a las marcas a resonar más con sus audiencias.

Capítulo 31: La Programación como Fundamento del Éxito en el Mundo Digital

En la actualidad, la programación es una habilidad fundamental que impulsa la evolución y el éxito de cualquier proyecto digital, especialmente en el ámbito de las ventas. La capacidad de desarrollar una plataforma adaptada a las necesidades del negocio y de los clientes puede ser el factor decisivo que marque la diferencia en un mercado competitivo. Programar, desde esta perspectiva, es más que escribir código: es construir la base sobre la cual una tienda online, una aplicación o un sistema de gestión pueden crecer, adaptarse y prosperar.

La Programación como Motor de Innovación y Adaptación

En un ecosistema digital en constante cambio, la programación permite a las empresas adaptarse rápidamente a nuevas tendencias y desafíos. Crear una tienda online, una plataforma de servicios o cualquier solución digital requiere un enfoque sólido y estratégico que solo una buena programación puede ofrecer. Además, para los emprendedores que buscan optimizar sus procesos, una estructura programada a medida puede significar una ventaja competitiva, ya que les permite crear soluciones específicas y escalables que mejoren la experiencia del cliente.

Con la tecnología disponible hoy en día, se puede empezar sin tener que crear todo desde cero, utilizando herramientas como **WordPress** para sitios web y tiendas en línea, o plataformas como **Shopify** y **WooCommerce**. Sin

221

embargo, entender los fundamentos de la programación y tener el control sobre el código abre la puerta a personalizar cada aspecto de la experiencia de usuario y de los procesos internos, desde la automatización de inventarios hasta la implementación de inteligencia artificial para recomendaciones de productos.

Aspectos Técnicos Básicos para el Emprendedor Digital
Para crear una tienda online o cualquier plataforma digital que funcione de manera fluida, hay elementos técnicos fundamentales que los nuevos emprendedores deben comprender, al menos en un nivel básico:

1. **Dominio y Hosting:** El dominio es la dirección web de tu tienda o plataforma (por ejemplo, www.mi-tienda.com) y el hosting es el espacio en un servidor donde se almacena todo el contenido del sitio. Elegir un buen proveedor de hosting garantiza que tu sitio sea rápido y esté disponible para los usuarios las 24 horas. Servicios como **SiteGround**, **Bluehost** y **AWS** son opciones comunes, cada uno con diferentes niveles de soporte y escalabilidad.
2. **Front-End y Back-End:** La programación se divide generalmente en dos partes: el **Front-End**, que es la interfaz visible y con la que interactúan los usuarios (creada con lenguajes como HTML, CSS y JavaScript) y el **Back-End**, que se ocupa de toda la lógica detrás de escena (manejo de datos, lógica de negocio, autenticación de usuarios), comúnmente programado en lenguajes como PHP, Python, o Node.js.
3. **Bases de Datos:** Las bases de datos almacenan y gestionan la información esencial de la plataforma, como inventarios, perfiles de clientes, registros de

ventas y más. Las bases de datos relacionales como MySQL o PostgreSQL y las bases de datos no relacionales como MongoDB son opciones populares que permiten almacenar datos de forma estructurada y segura.

4. **CMS y Frameworks:** Los sistemas de gestión de contenido (CMS) como **WordPress** permiten crear y gestionar sitios web sin la necesidad de programar cada componente. WordPress, junto con el plugin WooCommerce, es ideal para montar una tienda en línea debido a su flexibilidad y facilidad de uso. Para proyectos más complejos o específicos, frameworks como **Django** (Python), **Laravel** (PHP), o **React** (JavaScript) permiten construir aplicaciones personalizadas y escalables.

5. **Seguridad:** La seguridad es fundamental para proteger los datos de la empresa y de los clientes. Para esto, se deben implementar medidas como certificados SSL (para cifrar la información que se transmite), autenticación de dos factores y protocolos de cifrado en el manejo de datos sensibles. Además, los plugins o módulos de seguridad deben estar siempre actualizados para proteger contra ataques.

Beneficios de Aprender Programación para el Emprendedor

Tener conocimientos en programación permite que el emprendedor tenga control sobre su plataforma, pudiendo resolver problemas básicos sin depender completamente de un desarrollador externo. Además, entender el funcionamiento del código proporciona una ventaja al negociar y colaborar con programadores, ya que facilita la comunicación y el entendimiento de lo que se necesita. Esto no significa que cada emprendedor deba convertirse en un experto, sino que un conocimiento básico en programación les ayuda a tomar decisiones informadas y aprovechar al máximo las herramientas disponibles.

Recomendaciones para Empezar en Programación
Para los emprendedores que desean aprender programación, aquí hay algunos consejos prácticos para empezar:

1. **Define tus Objetivos:** ¿Deseas crear una tienda online? ¿Optimizar procesos internos? ¿Automatizar tus campañas de marketing? Define claramente lo que quieres lograr y empieza por aprender los lenguajes y herramientas que sean más relevantes para tu objetivo.
2. **Elige un Lenguaje Inicial:** Para una tienda en WordPress, aprender un poco de PHP y JavaScript te ayudará a entender mejor cómo funciona la plataforma. Si quieres desarrollar un proyecto personalizado, Python es un excelente lenguaje de entrada por su versatilidad y simplicidad.
3. **Practica con Proyectos Pequeños:** La mejor forma de aprender es con la práctica. Puedes empezar creando una simple página web o un formulario que capture información de los usuarios. Poco a poco, añade funcionalidades y aumenta la complejidad.
4. **Utiliza Recursos en Línea:** Plataformas como **Codecademy**, **Udemy** y **FreeCodeCamp** ofrecen cursos básicos y avanzados. También hay comunidades en línea, como Stack Overflow y GitHub, donde puedes resolver dudas y aprender de otros programadores.
5. **Mantente Actualizado:** La tecnología evoluciona rápidamente, así que es importante seguir aprendiendo y

estar al tanto de las nuevas herramientas y mejores prácticas en programación. Suscribirte a boletines de tecnología o seguir blogs especializados puede ayudarte a mantenerte informado.

La Programación: Un Pilar para el Éxito Digital
Para los negocios en la era digital, la programación es un recurso estratégico que permite optimizar procesos, crear plataformas atractivas y funcionales y adaptarse a las cambiantes demandas del mercado. A través de una plataforma sólida y bien programada, las empresas pueden no solo mejorar la experiencia del cliente, sino también integrar nuevas tecnologías y procesos automatizados, como el uso de inteligencia artificial para recomendaciones personalizadas o sistemas de inventarios automáticos.

Capítulo 32: Integraciones

La Sinergia entre Herramientas y Plataformas

En el mundo actual del marketing y las ventas, la integración de diferentes herramientas y plataformas es esencial para maximizar la eficiencia y la efectividad. Esta sinergia no solo optimiza los procesos, sino que también proporciona una visión holística del comportamiento del cliente, permitiendo a las empresas anticipar sus necesidades y deseos. En este capítulo, exploraremos cómo las integraciones pueden revolucionar tu enfoque en ventas y marketing.

1. La Importancia de la Integración en el Marketing

Las empresas modernas utilizan múltiples herramientas para gestionar sus actividades de marketing. Desde plataformas de automatización de marketing hasta sistemas de gestión de relaciones con clientes (CRM), cada herramienta ofrece beneficios específicos. Sin embargo, el verdadero poder radica en cómo estas herramientas pueden trabajar juntas.

Por ejemplo, al integrar un sistema de CRM con una plataforma de email marketing, puedes segmentar a tus clientes de manera más efectiva. Esto te permite enviar mensajes personalizados y relevantes, lo que a su vez aumenta las tasas de apertura y conversión.

2. Ejemplos de Integraciones Exitosas en Empresas Colombianas

- **Rappi:** Esta plataforma de entrega ha implementado integraciones sofisticadas entre su app, CRM y sistemas de pago. Esto les permite ofrecer un servicio al cliente excepcional, personalizando las ofertas basadas en las preferencias y comportamientos de compra de los usuarios.

229

- **Bancolombia:** El banco ha utilizado integraciones entre su plataforma de banca digital y herramientas de análisis de datos. Esto les permite no solo optimizar la experiencia del usuario, sino también ofrecer productos financieros adaptados a las necesidades específicas de sus clientes.

3. Cómo Implementar Integraciones en Tu Estrategia

La implementación de integraciones efectivas comienza con la identificación de las herramientas que ya estás utilizando. Pregúntate:

- **¿Qué datos necesito recopilar y analizar?** Identifica las métricas que son esenciales para tu negocio.
- **¿Qué plataformas ya uso y cómo se pueden conectar?** Investiga sobre APIs (interfaces de programación de aplicaciones) que permitan la comunicación entre diferentes sistemas.
- **¿Cuáles son las herramientas más adecuadas para mis necesidades?** Considera plataformas como Zapier, que facilitan la integración entre diversas aplicaciones sin necesidad de conocimientos técnicos avanzados.

4. Desafíos y Consideraciones

La integración no está exenta de desafíos. Puede haber problemas técnicos, resistencia al cambio dentro de la organización y la necesidad de formación para el personal. Es esencial abordar estos obstáculos de manera proactiva:

- **Capacitación:** Asegúrate de que tu equipo esté preparado para usar las nuevas herramientas de manera efectiva.
- **Soporte técnico:** Considera la posibilidad de contar con un equipo de TI o consultores externos que puedan

ayudar con la implementación y resolución de problemas.

- **Evaluación continua:** Una vez implementadas las integraciones, realiza evaluaciones periódicas para asegurarte de que están cumpliendo con sus objetivos.

5. El Futuro de las Integraciones en Ventas y Marketing

Con el avance de la inteligencia artificial y la automatización, las integraciones seguirán evolucionando. Las empresas que adopten estas tecnologías estarán mejor posicionadas para ofrecer experiencias personalizadas y eficientes a sus clientes.

Las herramientas de marketing digital se integrarán cada vez más con sistemas de inteligencia artificial, permitiendo análisis predictivos y recomendaciones personalizadas en tiempo real. Esto no solo mejorará la efectividad de las campañas, sino que también facilitará la toma de decisiones basada en datos concretos.

Capítulo 33: Automatizaciones

En la era digital actual, las automatizaciones se han convertido en un componente crucial para mejorar la eficiencia y la efectividad en el mundo de las ventas y el marketing. Este capítulo explorará qué son las automatizaciones, su importancia, las diferentes herramientas disponibles y ejemplos prácticos, centrándose en empresas colombianas que han implementado estas estrategias con éxito.

1. Comprendiendo las Automatizaciones

Las automatizaciones son procesos que permiten ejecutar tareas repetitivas y rutinarias mediante herramientas tecnológicas, reduciendo la necesidad de intervención humana. Estas tareas pueden abarcar desde el envío de correos electrónicos hasta la gestión de redes sociales y la atención al cliente.

1.1. Beneficios de las Automatizaciones

- **Ahorro de Tiempo**: Las automatizaciones eliminan la necesidad de realizar tareas manualmente, lo que libera tiempo para que los empleados se concentren en actividades más estratégicas.
- **Reducción de Errores**: Al minimizar la intervención humana en procesos repetitivos, se reduce el riesgo de errores, mejorando la precisión y la calidad del trabajo.
- **Mejor Gestión del Cliente**: Las automatizaciones permiten una atención más rápida y personalizada al cliente, aumentando la satisfacción y la lealtad.

2. Tipos de Automatizaciones en el Marketing

Las automatizaciones pueden aplicarse en diversas áreas del marketing. Aquí exploramos algunas de las más comunes:

2.1. Automatización de Correos Electrónicos

Las plataformas de marketing por correo electrónico permiten enviar mensajes automatizados a los clientes en función de su comportamiento. Estas son algunas estrategias efectivas:

- **Campañas de Bienvenida**: Al registrarse en un sitio web, los usuarios pueden recibir automáticamente un correo de bienvenida. **Unifer USA**, una importadora de productos tecnologicos, utiliza esta estrategia para dar la bienvenida a nuevos suscriptores y ofrecer un descuento en su primera compra.
- **Recordatorios de Carrito Abandonado**: Las automatizaciones pueden enviar correos recordando a los clientes que han dejado productos en su carrito, alentándolos a completar la compra. **Linio**, una de las plataformas de comercio electrónico más grandes de Colombia, ha implementado esta técnica con éxito, logrando aumentar las conversiones.

2.2. Automatización de Redes Sociales

Las herramientas de gestión de redes sociales permiten programar publicaciones y responder automáticamente a comentarios y mensajes. Algunas estrategias incluyen:

- **Programación de Publicaciones**: Las marcas pueden programar contenido con antelación, asegurando una presencia constante en las redes sociales. **Bavaria** utiliza herramientas como Hootsuite para gestionar su contenido y responder a su audiencia de manera oportuna.

- **Respuestas Automáticas**: Implementar respuestas automáticas en Facebook Messenger o WhatsApp puede mejorar la atención al cliente. **Éxito**, una cadena de supermercados en Colombia, ha utilizado bots para responder preguntas frecuentes y guiar a los clientes a través del proceso de compra.

3. Automatización de Ventas

La automatización en el proceso de ventas ayuda a optimizar y agilizar las interacciones con los clientes. Aquí se presentan algunas aplicaciones:

3.1. CRM (Customer Relationship Management)
Los sistemas de CRM permiten gestionar relaciones con los clientes de manera efectiva, integrando diversas funciones que automatizan tareas como:

- **Seguimiento de Clientes Potenciales**: Los CRMs pueden enviar recordatorios y seguimientos automáticos a los equipos de ventas sobre los leads. **TiendaMIA**, una plataforma que conecta a los consumidores colombianos con productos en EE. UU., utiliza un CRM para gestionar su pipeline de ventas.
- **Análisis de Datos**: Los CRMs analizan el comportamiento del cliente y generan informes automáticos, permitiendo a los equipos de ventas adaptar sus estrategias en consecuencia.

3.2. Automatización de Propuestas y Cotizaciones
Las herramientas de automatización permiten a las empresas generar propuestas y cotizaciones de manera rápida y precisa. Esto es especialmente útil para las empresas que

gestionan un gran volumen de ventas, como **Cementos Argos**, que utiliza software para generar cotizaciones automatizadas, acelerando el proceso de venta.

4. Implementación de Automatizaciones

Para que las automatizaciones sean efectivas, es importante seguir ciertos pasos en su implementación:

4.1. Evaluación de Necesidades

Antes de implementar cualquier sistema de automatización, las empresas deben evaluar sus necesidades y objetivos. Identificar qué tareas son repetitivas y requieren automatización es fundamental para maximizar el retorno de la inversión.

4.2. Selección de Herramientas

Existen diversas herramientas en el mercado, desde plataformas de automatización de marketing como HubSpot y Mailchimp, hasta sistemas de CRM como Salesforce. Elegir la herramienta adecuada dependerá de las necesidades específicas de la empresa.

4.3. Capacitación del Personal

Una vez seleccionadas las herramientas, es crucial capacitar al personal en su uso. Las empresas deben asegurarse de que sus equipos comprendan cómo utilizar las herramientas de manera efectiva para aprovechar al máximo las automatizaciones.

5. Ejemplos de Éxito en Automatizaciones en Colombia

5.1. Rappi

La empresa de entrega a domicilio **Rappi** ha implementado automatizaciones en su plataforma para optimizar el proceso de pedidos y entregas. Utilizan algoritmos para asignar pedidos a los repartidores más cercanos, garantizando una entrega rápida y eficiente.

5.2. Bancolombia

Bancolombia ha adoptado tecnologías de automatización en su servicio al cliente, implementando chatbots que responden preguntas frecuentes y guían a los usuarios en la gestión de sus cuentas. Esto no solo ha mejorado la experiencia del cliente, sino que también ha optimizado los recursos humanos de la empresa.

6. Desafíos de las Automatizaciones

A pesar de los beneficios, la implementación de automatizaciones puede presentar desafíos:

6.1. Resistencia al Cambio

El cambio puede ser difícil para los empleados. Es esencial que la dirección promueva la importancia de las automatizaciones y los beneficios que aportan a la empresa y a su trabajo diario.

6.2. Integración con Sistemas Existentes

La integración de nuevas herramientas de automatización con sistemas ya existentes puede ser complicada. Es fundamental planificar la implementación para evitar interrupciones en los procesos operativos.

7. Futuro de las Automatizaciones

A medida que la tecnología avanza, el futuro de las automatizaciones se perfila como prometedor. La inteligencia artificial (IA) y el aprendizaje automático están revolucionando la forma en que se gestionan las automatizaciones.

Capítulo 34: Optimización Continua – La Clave para el Éxito Sostenible

La **optimización continua** es un enfoque fundamental en el marketing digital y en la gestión empresarial en general. Se refiere al proceso de mejorar continuamente las estrategias, procesos y resultados mediante la evaluación y ajuste constante de las prácticas actuales. En este capítulo, exploraremos la importancia de la optimización continua, sus beneficios y cómo implementarla efectivamente en tu negocio.

1. ¿Qué es la Optimización Continua?

La optimización continua implica un ciclo sin fin de evaluación, ajuste y mejora. En lugar de conformarse con un nivel de rendimiento estático, las empresas que adoptan este enfoque buscan constantemente formas de mejorar sus resultados y adaptarse a un entorno en constante cambio.

Este concepto se basa en la idea de que siempre hay espacio para el crecimiento y la mejora. Las empresas pueden aplicar esta filosofía a diversas áreas, incluyendo marketing, operaciones, atención al cliente y desarrollo de productos.

2. Beneficios de la Optimización Continua

Implementar un enfoque de optimización continua puede traer múltiples beneficios:

- **Mejora de Resultados**: Al evaluar regularmente el rendimiento de tus campañas y procesos, puedes identificar áreas de mejora y ajustar tu estrategia para obtener mejores resultados.

- **Adaptabilidad**: El entorno empresarial y las preferencias de los consumidores cambian constantemente. La optimización continua permite a las empresas adaptarse rápidamente a estas variaciones y mantenerse relevantes.
- **Aumento de la Eficiencia**: Al revisar y mejorar procesos, las empresas pueden eliminar ineficiencias, reducir costos y aumentar la productividad.
- **Satisfacción del Cliente**: Un enfoque centrado en la optimización continua ayuda a las empresas a entender mejor las necesidades y expectativas de los clientes, lo que se traduce en un mejor servicio y, por ende, en una mayor satisfacción.

3. Estrategias para Implementar la Optimización Continua

Aquí tienes algunas estrategias efectivas para implementar un enfoque de optimización continua en tu negocio:

1. **Establece Objetivos Claros**: Define metas específicas y medibles que deseas alcanzar. Esto proporciona una dirección clara y un marco para evaluar el progreso.
2. **Recopila Datos y Feedback**: Utiliza herramientas analíticas para recopilar datos sobre el rendimiento de tus campañas y procesos. Además, no subestimes el poder del feedback del cliente; las opiniones de tus consumidores pueden ofrecer información valiosa sobre áreas de mejora.
3. **Realiza Pruebas A/B**: Experimenta con diferentes versiones de tus campañas y estrategias para ver cuál funciona mejor. Las pruebas A/B son una excelente

manera de evaluar la efectividad de cambios específicos.

4. **Analiza Resultados**: Revisa periódicamente los resultados de tus esfuerzos. Esto incluye tanto el análisis cuantitativo (números, métricas) como el cualitativo (opiniones y comentarios).

5. **Ajusta y Mejora**: Basándote en el análisis de datos y feedback, realiza ajustes en tus estrategias. La clave es estar dispuesto a experimentar y adaptarte.

6. **Fomenta una Cultura de Mejora**: Involucra a todo tu equipo en el proceso de optimización continua. Fomentar un ambiente donde cada miembro se sienta motivado para proponer mejoras y compartir ideas puede resultar en innovaciones significativas.

4. Ejemplos de Éxito en Optimización Continua

- **Amazon**: La gigante del comercio electrónico ha adoptado un enfoque de optimización continua en todos sus procesos. Desde el diseño de la interfaz de usuario hasta las recomendaciones de productos, Amazon utiliza datos de clientes y análisis para mejorar constantemente la experiencia de compra.

- **Netflix**: La plataforma de streaming utiliza algoritmos avanzados para analizar el comportamiento de visualización de los usuarios y optimizar sus recomendaciones de contenido. Este enfoque ha contribuido significativamente a su éxito al mantener a los usuarios comprometidos.

Capítulo 35: El Futuro del Marketing en la Nueva Revolución de la Inteligencia Artificial y la Computación Cuántica

La era digital ha transformado la forma en que las empresas interactúan con los consumidores y las tecnologías emergentes están a punto de redefinir nuevamente este panorama. En este capítulo, exploraremos cómo la inteligencia artificial (IA) y la computación cuántica están revolucionando el marketing, permitiendo a las empresas no solo adaptarse, sino también anticiparse a las necesidades de sus clientes en formas nunca antes imaginadas.

1. La Inteligencia Artificial: Un Cambio de Paradigma
La inteligencia artificial ya está teniendo un impacto profundo en el marketing y su evolución continua promete transformar la manera en que las marcas se relacionan con sus consumidores.

- **Personalización Avanzada**: La IA permite analizar grandes volúmenes de datos para ofrecer experiencias personalizadas en tiempo real. Los algoritmos de aprendizaje automático pueden identificar patrones de comportamiento, preferencias y tendencias, lo que permite a las empresas crear campañas de marketing altamente segmentadas y dirigidas. Por ejemplo, compañías como **Rappi** en Colombia utilizan IA para recomendar productos específicos a los usuarios basándose en sus compras anteriores y preferencias.
- **Automatización de Procesos**: La automatización impulsada por IA no solo mejora la eficiencia, sino que también permite a los equipos de marketing centrarse en la creatividad y la estrategia. Las herramientas de automatización pueden gestionar campañas, enviar

correos electrónicos segmentados y realizar análisis de rendimiento sin intervención manual constante.

- **Análisis Predictivo**: Utilizando modelos predictivos, las empresas pueden anticipar las necesidades de sus clientes antes de que estas surjan. Por ejemplo, el sector de la moda puede prever tendencias basadas en análisis de redes sociales y comportamiento de compra, permitiendo a marcas como **Éxito** adaptar sus inventarios y promociones a las demandas emergentes.

2. La Computación Cuántica: Un Futuro Prometedor
Aunque la computación cuántica aún se encuentra en una etapa inicial, su potencial para revolucionar el marketing es inmenso. Este nuevo paradigma informático promete procesar datos a velocidades y capacidades que superan cualquier tecnología clásica.

- **Procesamiento de Datos Masivos**: La computación cuántica puede manejar y analizar enormes conjuntos de datos en un tiempo récord. Esto permitirá a las empresas analizar el comportamiento del consumidor con una profundidad y rapidez sin precedentes, generando insights más completos y precisos.
- **Optimización de Campañas**: Las capacidades de cálculo cuántico pueden ser utilizadas para optimizar campañas de marketing en tiempo real, ajustando estrategias basadas en la reacción inmediata del consumidor. Esto permitirá una agilidad en la ejecución de campañas que podría cambiar la forma en que las empresas planifican y ejecutan sus estrategias de marketing.
- **Simulación y Modelado**: La computación cuántica también permitirá simulaciones más complejas que ayudarán a las empresas a entender mejor el comportamiento del consumidor y a modelar escenarios

de marketing. Por ejemplo, **Bancolombia** podría utilizar esta tecnología para simular diferentes estrategias de promoción y evaluar su impacto en el mercado antes de implementarlas.

3. Nuevas Estrategias de Marketing en la Era de la IA y la Computación Cuántica

Con la integración de la inteligencia artificial y la computación cuántica, las estrategias de marketing deben evolucionar. Algunas tendencias clave incluyen:

- **Marketing Conversacional**: El uso de chatbots y asistentes virtuales impulsados por IA permitirá una interacción más natural y fluida entre las marcas y los consumidores, creando experiencias de cliente más efectivas y satisfactorias.
- **Realidad Aumentada y Virtual**: La combinación de IA con tecnologías de realidad aumentada (AR) y realidad virtual (VR) ofrecerá a los consumidores experiencias inmersivas. Por ejemplo, marcas como **Alpina** podrían permitir a los clientes experimentar sus productos en un entorno virtual, fomentando una conexión más profunda y emocional.
- **Estrategias Sostenibles**: A medida que las empresas se adapten a estas tecnologías, también será esencial incorporar prácticas sostenibles y éticas en sus estrategias de marketing. La transparencia y la responsabilidad serán clave para ganar la confianza del consumidor en un entorno donde la información es cada vez más accesible.

4. Desafíos y Consideraciones Éticas

A medida que avanzamos hacia un futuro impulsado por la inteligencia artificial y la computación cuántica, también surgen desafíos éticos y consideraciones importantes:

- **Privacidad de los Datos**: La recopilación y el análisis de datos masivos plantean preocupaciones sobre la privacidad. Las empresas deben ser transparentes sobre cómo utilizan los datos de los consumidores y garantizar que se manejen de manera responsable.
- **Dependencia Tecnológica**: A medida que las empresas se vuelven más dependientes de la tecnología, es crucial encontrar un equilibrio entre la automatización y la interacción humana en el marketing.
- **Desigualdad de Acceso**: La implementación de estas tecnologías avanzadas podría crear una brecha entre las empresas que pueden permitirse adoptarlas y aquellas que no. Las pequeñas y medianas empresas deben buscar formas de acceder a estas tecnologías para competir de manera justa.

Bibliografía

1. **Kotler, P., & Keller, K. L.** (2016). *Marketing Management* (15th ed.). Pearson.
   o Un texto fundamental sobre la gestión del marketing que cubre conceptos esenciales aplicables a las ventas.
2. **Cialdini, R. B.** (2009). *Influence: Science and Practice* (5th ed.). Pearson.
   o Un libro que explora la psicología detrás de la persuasión y cómo aplicarla en ventas.
3. **Ziglar, Z.** (2010). *Secrets of Closing the Sale.* Business Plus.
   o Ofrece técnicas de cierre de ventas y consejos prácticos para vendedores.
4. **Godin, S.** (2008). *Tribes: We Need You to Lead Us.* Portfolio.
   o Un análisis sobre cómo construir comunidades y seguidores alrededor de una marca.
5. **Reichheld, F. F.** (2006). *The Ultimate Question: Driving Good Profits and True Growth.* Harvard Business Review Press.
   o Un libro que examina la lealtad del cliente y su impacto en las ventas.
6. **Chaffey, D., & Ellis-Chadwick, F.** (2019). *Digital Marketing* (7th ed.). Pearson.
   o Proporciona una visión completa de las estrategias y tácticas de marketing digital.
7. **McKinsey & Company.** (2020). *The future of B2B sales: How to win in a world of constant change.* McKinsey Insights.
   o Un informe que analiza las tendencias actuales y futuras en las ventas B2B.

8. **Keller, K. L.** (2013). *Strategic Brand Management: Building, Measuring, and Managing Brand Equity* (4th ed.). Pearson.
   - o Explora cómo construir y gestionar marcas efectivas en el mercado.
9. **Sinek, S.** (2009). *Start with Why: How Great Leaders Inspire Everyone to Take Action.* Portfolio.
   - o Un libro que enfatiza la importancia de entender el propósito detrás de las acciones de ventas.
10. **Patel, N., & Gupta, A.** (2021). *The Complete Guide to Digital Marketing for Entrepreneurs.* CreateSpace Independent Publishing Platform.
    - o Un recurso práctico para emprendedores que buscan construir su presencia digital.
11. **Duncan, T., & Moriarty, S.** (1998). *A Communication-Based Marketing Model for Managing Relationships.* Journal of Marketing.
    - o Un artículo académico que analiza la importancia de las relaciones en marketing y ventas.
12. **Hall, T.** (2017). *The Psychology of Selling: Increase Your Sales Faster and Easier Than You Ever Thought Possible.* HarperCollins.
    - o Ofrece una perspectiva sobre cómo la psicología puede influir en el proceso de ventas.

Agradecimientos

Quiero expresar mi más sincero agradecimiento a todas las personas que han sido parte de este viaje en la creación de "El Camino hacia las Ventas". Este libro no sería posible sin el apoyo y la inspiración de quienes me rodean. Quiero reconocer a los expertos y autores cuyas obras han sido una fuente constante de inspiración y referencia. Sus investigaciones y escritos han influido profundamente en mi enfoque hacia las ventas y el marketing.

Finalmente, agradezco a todos los emprendedores y vendedores que comparten su experiencia y pasión por las ventas. Ustedes son la razón por la que este libro existe; espero que estas páginas les proporcionen herramientas y conocimientos útiles en su propio camino hacia el éxito.

Con gratitud,

Juan David Puerta Cardona.

El autor de "El Camino hacia las Ventas" es un experto en ventas y marketing digital, con una amplia trayectoria en el sector y un enfoque particular en la innovación y la adaptabilidad en el mundo empresarial. Sus habilidades creativas son una parte esencial de su enfoque profesional. Le gusta crear y transformar ideas en realidades tangibles, ya sea a través del diseño, la escritura o la estrategia. Esta pasión le impulsa a buscar soluciones innovadoras y a encontrar nuevos enfoques para los desafíos que enfrenta. Cada proyecto se convierte en una oportunidad para explorar su creatividad y aportar valor de maneras únicas y significativas.

Como fundador y director de **Atomic Agency**, el autor ha trabajado con numerosas marcas reconocidas, desarrollando campañas que han llevado a un crecimiento significativo en sus ingresos y visibilidad. Su enfoque se basa en la comprensión profunda del comportamiento del consumidor y en la aplicación de técnicas de **neuromarketing** que permiten conectar de manera efectiva con las audiencias.

A lo largo de su carrera, el autor ha publicado varios artículos y guías sobre ventas y marketing en diversas plataformas y ha sido ponente en conferencias nacionales e internacionales sobre el tema. Además, ha colaborado con agencias y expertos destacados en el campo, lo que ha enriquecido su perspectiva y enfoque en el desarrollo de estrategias efectivas.

El autor reside en Medellín, Colombia, donde disfruta de la lectura y el ciclomontañismo. lo que le permite mantener un equilibrio entre su vida profesional y personal.

Conclusión

En un mundo en constante evolución, donde las dinámicas de mercado y las expectativas de los consumidores cambian rápidamente, la construcción de una base sólida en la identidad de marca se vuelve esencial. Una marca bien definida no solo establece una conexión emocional con su audiencia, sino que también actúa como un faro de confianza en un mar de competencia. Este libro ha abordado la importancia de forjar una identidad de marca coherente y auténtica, que se refleje en cada punto de contacto con el cliente.

La transición del marketing tradicional al digital ha abierto un abanico de oportunidades sin precedentes. Las estrategias digitales permiten a las empresas no solo alcanzar a un público más amplio, sino también interactuar con él de maneras más significativas y personalizadas. A medida que las empresas abrazan herramientas digitales como el SEO, el email marketing y el marketing de contenidos, se dan cuenta de que pueden medir y ajustar sus esfuerzos en tiempo real, algo que el marketing tradicional simplemente no podía ofrecer.

A medida que nos adentramos en la era de la computación cuántica, las posibilidades de transformación se vuelven aún más emocionantes. Este avance promete cambiar la forma en que procesamos la información y tomamos decisiones comerciales. Es crucial que las empresas se preparen para este futuro, adaptándose y adoptando tecnologías emergentes. Hablar el mismo idioma del algoritmo, entendiendo cómo funcionan y cómo influyen en el comportamiento del consumidor, será fundamental para aquellos que deseen mantenerse relevantes y competitivos.

Un enfoque holístico hacia el éxito en ventas y marketing no solo abarca estrategias y tácticas, sino también el desarrollo continuo de habilidades y mentalidades. Adoptar la filosofía del aprendiz eterno es vital para todos aquellos que estamos inmersos en este sector. El aprendizaje constante nos permite adaptarnos a los cambios del entorno, a las nuevas tecnologías y a las tendencias emergentes. Esto no solo fomenta el crecimiento personal, sino que también enriquece nuestras prácticas comerciales y nos permite ofrecer un valor excepcional a nuestros clientes.

Este libro no solo presenta teorías y estrategias, sino que también está respaldado por valiosa información recopilada a través de Atomic Agency, una agencia de publicidad con experiencia en diversos nichos y sectores. La experiencia práctica y las estrategias probadas que se han compartido en estas páginas son un recurso inestimable para cualquier emprendedor o profesional que busque mejorar su enfoque en ventas y marketing. La información aquí presentada es el resultado de un trabajo diligente y una observación aguda del mercado. Al leer este libro, los lectores obtendrán las herramientas necesarias para construir una identidad de marca sólida, implementar estrategias efectivas de marketing digital y prepararse para los futuros avances tecnológicos que darán forma a la industria. En un entorno empresarial que exige adaptabilidad y creatividad, este libro es una guía para aquellos que están listos para aprovechar el poder del marketing moderno y forjar un camino hacia el éxito.

Sinopsis:

"El Camino hacia las Ventas" es una guía transformadora para quienes desean posicionar su ecosistema digital en un mercado cada vez más competitivo y automatizado. Este libro presenta una estrategia integral que fusiona lo mejor de los modelos tradicionales de negocio con técnicas avanzadas de marketing digital, permitiendo la creación de una marca sólida y duradera. Dirigido a empresarios, profesionales y cualquier persona interesada en destacar en el mundo digital, ofrece un enfoque accesible y práctico para alcanzar el éxito.

En Medellín, un epicentro de gran actividad publicitaria en el mundo, se desarrolla un entorno dinámico que reúne información valiosa de diversas industrias y nichos. Esta ciudad no solo ofrece un vibrante panorama de marketing y ventas, sino que también proporciona insights prácticos y aplicables que pueden impulsar el crecimiento y la carrera de quienes buscan destacar en este campo.

Asimismo, explora cómo la computación cuántica y otros avances tecnológicos transformarán el sector y destaca la relevancia de mantenerse en sintonía con los algoritmos que impulsan el éxito en un mundo cada vez más automatizado.

Este libro es una invitación a invertir en ti.

Por un alquimista.